AI時代の
情報教育

加納寛子 著

大学教育出版

はじめに
AI時代に必要な学力とは

　掃除ロボットのキットがわずか数千円で購入できるようになり，AI（人工知能）を持つヒューマノイドロボットですら，個人の家庭でも購入できる価格まで下がってきた．インターネットも過渡期のようにゲームやSNS，Webサイト閲覧のみに利用する限定的ツールではなく，いつでもどこでも利用できる時代となり，外出先から自宅の冷蔵庫の中を確認したり，ペットの様子を確認したり，定期的に睡眠の深さや血圧などを記録し送信するライフラインを担うインフラとして普及しつつある．

　ヒューマノイドロボットの普及により，販売員や受付係，案内係，運転手や通訳などの大半の仕事をロボットが担うようになり，会計士や医師や弁護士の仕事の一部すらロボットに置き換わる時代が間もなく到来するであろう．

　技術革新が先行し教育が後追い状態になると，産業革命の頃に起きたラッダイト運動，つまり機械に仕事を奪われた人たちが，機械の存在を憎み，脱穀機や機織り機の打ち壊しを行ったように，ヒューマノイドロボットに仕事を奪われた人々が，ヒューマノイドロボットの打ち壊しを行うような事件が起きるかも知れない．

　現代，既に知識の蓄積と検索能力は，人よりもコンピュータの方が勝っている．人間には容易に記憶できない膨大な知識をコンピュータは保有し，瞬時に検索することができる．人間では膨大な時間がかかる計算もコンピュータは瞬時に計算することができる．

　しかしながら，コンピュータにプログラムされていない突発的な状況に合わせて情報を分析し判断し咀嚼する力においては，AI時代になってもコンピュータは人を越えることは難しいであろう．

　50年前の子どもたちに重要であった筆算や暗算をする力や難しい漢字を正確に書く力，正確に歴史年表の年号や有機・無機化合式を記憶するために費や

してきた時間を，新しい世代の子どもたちは，現在存在する大半の仕事をロボットが担うようになる時代に必要な学習に費やす必要があるだろう．一部の特権階級の人のみに保証されていたり，担任教師の温度差によって格差が生じるであろう状況を放任したままにすべきではない．イギリスやエストニアでは，5歳児からプログラミング教育を中心とした情報教育が始まり，モンゴルでは小学生からオブジェクト指向の基礎を学び始める．現在存在する多くの仕事をロボットが担うようになる時代に必要な学力を，すべての子どもたちに等しく保証するカリキュラムを策定し，義務教育として実現していく必要がある．AI時代に必要な学力は「情報的な見方・考え方」を育てる情報教育である．

モンテッソーリの感覚教育を大切にするイギリスの幼稚園では，人の感覚は乳児・幼児の頃から発達するので，小学校からプログラミング教育を始めたのでは既に遅いと考え，3歳児から木製のブロックを使ったプログラミング教育を始めているところもある．プログラミング教育だけに限らず，3歳児から6歳児ぐらいの間に，遊びの中に取り入れつつ，幅広く情報教育の基礎となる感覚として養うことにより，身体的な感覚として情報的な見方・考え方を育成することができるだろう．

しかしながら，とても残念なことに，我が国では，言葉だけが一人歩きしがちで，イギリスの小学校でプログラミング教育が行われているらしいという話を聞くと，実際にどんなことをやっているかも確かめようともせず，AI時代には，どの子どもも皆ソースコードを書くようなプログラマーにならなければいけないと勘違いしたり，プログラミング塾に通わせてコーディングを覚えさせないと将来不利になるのではないかと不安を抱く保護者の方々も少なくない．プログラミング教育＝ソースコードを書くこととの誤解がまだ払拭し得ていないようだ．

実際に，在外でイギリスに住み幼稚園と小学校にお子さんを通わせている方に，幼稚園や小学校のプログラミング教育はどうですか？と尋ねたら，プログラミングなんて全くやっていないというお返事を頂いたこともある．通っていらっしゃる幼稚園のホームページを見ると，3歳児クラスから木製のブロッ

クを使ったプログラミング教育を行っているということが謳われている．ホームページ上で出任せを書いているわけではないだろう．木製のブロックを用いた遊び（学び）は，日本の保護者の目から見ると積み木で遊んでいるだけであって，プログラミング教育を学んでいるとは映らなかったのであろう．

　子どもは順応性が高いが，大人は思い込みが強い．思い込みが強いということは悪いことばかりでなく，既に多くの知識を所有しているために，固定観念ができあがっているだけのことである．本書が固定観念を覆す一助となれば幸いである．

　本書の読者としては，お子さんにどんなことを学ばせる必要があるのか知りたいという保護者の方，児童・生徒にプログラミング教育や情報教育を教えなければいけないが，何をどう教えたらよいかと不安な小中学校の先生，プログラミング教育を学ばないまま大人になった社会人や，情報を専門としない学生を想定している．全ての国民が義務教育として学ぶ必要がある内容，情報社会でトラブルを回避し，情報を適切に咀嚼し判断しながら生きていくために必要な情報教育である．

　職業としてプログラマを目指す人のためのプログラミング教育は，多くの人にとっては無縁である．AI時代には，プログラミングのエキスパートは，今よりももっと少ない人数で賄えるようになる．なぜならば，2流のプログラマの仕事はAIに置き換わるため不要となるからである．1流のプログラマは人口の1％も要らないだろう．特殊なスキルであり，専門学校や高等教育で学べば十分である．

　その一方で，AIコンピュータが，自宅や自動車，道路や公共スペースなど生活空間のあらゆるところに埋め込まれる将来，それらを使いこなすためには，順序立てて論理的に思考しプログラムする力が必要となる．AI時代に必要となるのは，ソースコードを書くスキルでなく，順序だてて論理的にプログラムする思考である．

　最後に授業を想定した指導案をいくつか例示している．小中学校の先生や教職を目指す学生の方は，これをまず模倣するもよし，参考にしながら類似した新しいテーマを設定したり発展させて授業を組み立てていただきたい．

保護者の方には家庭教育に役立てていただき，教職を目指すとは限らない学生の方には，どんな職業に就くとしても，学ぶ必要がある理由と学ぶべき内容を十分に理解するために役立てていただきたい．

AI時代の情報教育

目　次

はじめに　AI時代に必要な学力とは ………………………………… *i*

第1章　AIやヒューマノイドロボットが身近となる社会とは
　………………………………………………………………………… *1*
　1. ヒューマノイドロボットがやってきた　*1*
　　1.1　ヒューマノイドロボットはSFの世界から現実の世界へ　*1*
　　1.2　第4の波の後に存続する職種と消滅する職種　*6*
　　1.3　大学生が考える存続する職種と消滅する職種 ── 実現／非実現，期待／非期待　*11*

第2章　「情報的な見方・考え方」を育てる情報教育 ………………… *23*
　1. 学校教育における情報化への対応　*23*
　2. 「情報」および「情報リテラシー」の定義　*24*
　3. 高等学校「情報」の目標と内容　*25*
　4. 検定教科書高等学校「情報」の用語分析　*27*
　5. テキストマイニングの限界　*31*
　6. 情報リテラシーのオントロジーの内容と指導例について　*34*
　　6.1　オントロジーとは　*34*
　　6.2　「情報分析」分野のオントロジー　*34*
　　6.3　その他6領域のオントロジー　*36*
　7. 情報的な見方・考え方を育てるための情報教育のあり方 ── ピアジェの発達理論とプログラミング教育　*38*

第3章　なぜ独立した情報教育が必要なのか ………………………… *43*
　1. 「無知の知」を伝えることの難しさ　*43*
　2. 各教科の中でプログラミング教育を実施することの問題点　*47*

第4章　各国の情報教育の具体的な指導内容について ……………… *52*
　1. イギリスの情報教育　*52*

2. 台湾の情報教育　*68*
　　3. モンゴルの情報教育　*75*

第5章　AI時代に必要な情報リテラシー＆情報モラル ……………… *96*
　1. 情報リテラシー　*96*
　2. 情報を適切に読み解く力　*100*
　　（1）社会で起きているサイバー犯罪を知ること　*100*
　　（2）ネット詐欺に合わないために　*101*
　　（3）固定観念は危険　*113*
　　（4）なりすましの確認の方法　*115*
　3. インターネットを介した発信とコミュニケーション　*117*
　　（1）情報モラル　*117*
　　（2）炎　上　*120*
　　（3）ネットいじめ　*121*
　　（4）ネット心中　*124*
　4. 個人情報と知的財産権　*127*
　　（1）個人情報　*127*
　　（2）知的財産権　*138*
　　（3）著作権　*142*
　5. 人とAIが共生するために必要なAIモラルと制度　*150*
　　（1）AIモラル　*150*
　　（2）人とAIが共生するために必要な制度　*152*

初等・中等教育における学習指導案例 ……………………………… *179*
学習指導案「ロボットをうごかそう」　*180*
学習指導案「発明家になろう」　*185*
学習指導案「コンピュータを組み立てよう」　*189*
学習指導案「名前あてゲーム」　*195*
学習指導案「SNSの光と影」　*201*

学習指導案「データとは」 206
学習指導案「データの種類」 210
学習指導案「数値データの表現」 214
学習指導案「データ分析」 220

AI時代の情報教育

第1章
AIやヒューマノイドロボットが身近となる社会とは

1. ヒューマノイドロボットがやってきた

1.1 ヒューマノイドロボットはSFの世界から現実の世界へ

　これまで，SFの世界では多くのヒューマノイドロボットが登場した．鉄人28号はリモコンで操作され，リモコン操縦者によって，悪にも正義にもなるロボットであった．それに対し，鉄腕アトムは感情と判断力を持ち合わせ，悪に屈せず正義を貫くスーパーヒーローとして描かれている．SFの世界では鉄腕アトムが最古のヒューマノイドロボットといえるのではないだろうか．その後は「機動戦士ガンダム」や「超時空要塞マクロス」「装甲騎兵ボトムズ」等のような戦闘型のロボットが登場するアニメは多数制作された．

　アニメの中で，暮らしの中で人と共存するロボットが描かれたのは，22世紀の未来からやってきたという設定のネコ型ロボット「ドラえもん」を思い浮かべる人が多いだろう．勉強もスポーツもダメでのろまな少年という設定の，のび太君にとっては，なくてはならないかけがえのない存在だ．これからの時代の人々がヒューマノイドロボットに期待する役割は，「ドラえもん」のような存在ではないだろうか．筆者自身も子どもの頃「ドラえもん」がいて「どこでもドア」などをポケットから取り出してくれたらいいな，と思うことがあった．

　しかしながら，暮らしの中で人と共存するロボットが描かれた作品の歴史は古く，1920年に発表されたチェコの作家カレル・チャペックによる戯曲「R.

U. R.（原題：Rossum's Universal Robots，チェコ語：Rossumovi univerzální roboti, ロッサム万能ロボット会社）」[1] がある．この作品に描かれるロボットは，バイオノイド（bionoid, 人間に近い生体や心を持つ人造人間）である．脳・内臓・骨等の臓器は，（現代的にいえば 3D プリンターのような）機械で製造され，血管などは紡績機で製造され，自動車のように組み立てられ，目的の労働を行うためのプログラムがインストールされる．忠実に仕事はこなすが，感情や感覚はなく，不良品と見なされれば容赦なく粉砕装置で処分される存在であり，「ドラえもん」とは大きく異なる．

「ドラえもん」との大きな違いは，「R. U. R」で登場するロボットは奴隷のように，完全に使用者である人間の下部として位置づけられている点である．「ドラえもん」は使用者であるのび太君を助けつつも，のび太君を正しい方向に導くために諭すこともある．のび太君とドラえもんの間に主従関係はなく，友情と信頼関係で結ばれている．「R. U. R」で登場するロボットは，重労働を担うロボット，頭脳労働用のロボットなどのように，用途別に役割分担をされ，人以上のコストパフォーマンスで仕事をこなすが，道徳的に間違っていたとしても，使用者を諭すことはしない．

既に「R. U. R」で登場するようなロボットは，実現化しつつあると言っても過言ではない．人の顔を見分ける認識能力の精度はかなり上がってきている．ティッシュやチラシ配りや簡単な客の応対もできるようになってきている．もし，悪意の第 3 者が，特定の人の顔を見分けるようプログラムをし，特定の人が現れたら「お客様こちらへどうぞ」と悪意の第 3 者の所へ案内したり，特定の人にのみ毒物を塗ったチラシやティッシュ等を手渡したり，拳銃のような装置の引き金を引かせることもできる．

こうした機能特化型ロボットの場合，ヒューマノイドである必要はなく，むしろヒューマノイドでない方が都合の良い場合もあるだろう．例えば，壁や街灯に特定の人を識別するカメラが埋め込まれ，ターゲットの人物が現れたら，路上にあっても違和感がない看板等に危害を加える装置が埋め込まれているといったスパイ映画のような工作も実現可能となりつつある．顔認識技術によりターゲットを絞って，これまでは危険物と認識されなかったものによって，危

害が加えられるように仕組むことも，現代の技術において不可能ではなくなってきている．

　新しい映画では 2014 年に公開された「ベイマックス（原題：Big Hero 6）」では，天才的な科学の才能を持つ 14 歳のヒロと彼に寄り添うようにそばにいるロボット「ベイマックス」が主人公だ．ベイマックスは，傷ついた人の心と体を守る使命を持つロボットであり，ヒロが「痛くない」と言っても，言葉の嘘を見破り適切な処置をしたり癒やしてくれる．「R. U. R」よりドラえもんに近い存在である．

　また，2015 年に公開された「CHAPPiE」は，ヨハネスブルグで高い犯罪率を減らすために，警察官の役割を担う人工知能ロボットが大量に町の中で活躍する場面から始まる．廃棄処分になりかけた 1 台のロボットが主人公のチャッピーであり，予測を遙かに超える学習能力を持ち，人の意識をコピーするソフトウエアを開発する．最後は，死にかけているチャッピーの生みの親である人工知能学者を，ロボットへ意識をコピーすることにより，人体は亡くなってもロボットとして意識だけ生き続けるところで終わる．

　世界中で議論を呼んだ動画の一つに「Humans Need Not Apply（人間は採用しない）[2]」がある．自動車の登場で馬が「職」を失ったと同様に，AI の進化では人間が「職」を失う危機にさらされているという内容である．

　書籍の世界では，ブライアンクリスチャンは「機械より人間らしくなれるか？」という問いを立て，AI の進化に伴い人間にしかできないことが減少していき，「人間らしさ」さえも AI が人間を凌駕するのではないかという疑問を呈しているフィクションとノンフィクションをつなぐような書籍がある[3]．

　そして，ヒューマノイドロボットは，ケータイ小説（オンライン小説）に頻出するテーマの一つである．「夢と現実の Nofy（作者：加持恭成）」「チャイルズ・ワールド（作者：サイタマメーカ）」「Go over the valley（作者：水藤一）」等々，ヒューマノイドロボットが登場する小説は枚挙に暇がない．

　AI 技術は一般の家庭や子どもたちにとって，SF 小説の世界の出来事であり，ほとんど実際の生活の中ではなじみの薄い世界であった．しかしながら，表情認識のできるヒューマノイドロボットも，個人の家庭や中小企業でも購入

できる価格まで下がってきた．

　ヒューマノイドロボットの普及により，販売員や受付係，案内係，運転手や通訳などの大半の仕事をロボットが担うようになり，会計士や医師や弁護士の仕事の一部すらロボットにおきかわる時代が間もなく到来するであろう．実際，一部の販売店ではヒューマノイドロボットが客を出迎え，長崎のハウステンボス内にあるホテルの一つでは，ヒューマノイドロボットが受付をし，客室係役のロボットが客の荷物を運びながら，客室まで案内する．

　AI やロボットに仕事を奪われた人々の混乱への懸念は，多くの人々が抱いているところである．だが，どのように変わるのか，実の所は誰にも予測できないし，予測できない事態に対する解決策は見いだされていない．ただ一つ言えることは，新しい物事に興味関心を持ち受け入れ，人と社会のあり方の変容を寛大に受け入れ，新しい物事に対応するために必要な知識や概念をすべての人が学ぶ社会システムが必要である．

　今でこそ，大半の人がパソコンを使用できるようになったが，家庭用インターネットが普及しはじめた 20 年ほど前に，社会の情報化に対応する必要性などが指摘され，センター試験にも「数値計算とコンピュータ」「統計とコンピュータ」の科目が導入された．センター試験形式で問える問題をつくろうとすれば，限られてくること，そして，高校生がアルゴリズムを学ぶ上で BASIC 等を学ぶことが不要とはいわない．だが，将来多様な職業に就く可能性のある人々の教養として優先度はあまり高くない．二次関数や指数関数を学ぶのは，それを職業で使うためのスキルとして学ぶのではなく，数学的な見方・考え方を学ぶための要素である．情報的な見方・考え方を学ぶためには，もっと優先して学ぶべき要素がある．そもそもが，社会の情報化に対応する必要性が指摘されても，高等学校で 2 単位分の教科「情報」が新設されたに過ぎず，小学校中学校では，2016 年現在でも教科「情報」の授業はない．数学には数学的な見方・考え方を教えるための到達目標があり，その到達目標をすべての子どもたちが達成するためのカリキュラムがあり教科書がある．強引にそこに ICT やプログラミングなどの情報の要素を付加したところで，各教科の到達目標を達成するために必要と見なされなければ扱われない．ICT やプロ

グラミングを活用しない方が，社会科や理科，国語，算数・数学等々の到達目標に到達しやすいならば，活用しない方がよい．利活用という点で言えば，どの教科でも文章の読み書きをするために，文章の読み書きは各教科の中で学ぶとし，国語を廃止にする案も想定できるが，そうしないのは，各教科の中で道具として利用する文章ではなく，リテラシー（読み書き）そのものについて深く考察し学ぶことに意義があるために独立させているからである．他教科の中でも可能であれば教科として独立させないのであれば，社会科や理科の中でも数値計算や生活の中で生きた問題解決を学ぶことができるので，算数は各教科の中で学び，算数科を廃止という案も想定されてしまうがそうはならない．情報的な見方・考え方を育成するためには，明らかに「情報」を独立した教科として設置し，系統的にカリキュラムを組み，発達段階に応じて情報的な見方・考え方を育成する教育が必要不可欠である．

　そうであるにもかかわらず，文部科学省によって設置されている「小学校段階における論理的思考力や創造性，問題解決能力等の育成とプログラミング教育に関する有識者会議」による「小学校段階におけるプログラミング教育の在り方について（議論の取りまとめ）平成28年6月16日」[4]によれば，各教科の中で行うことを前提としている．理科の例としては「身の回りには，電気の性質や働きを利用した道具があることをとらえる学習を行う際，プログラミングを体験しながら，エネルギーを効果的に利用するために，様々な電気製品にはプログラムが活用され条件に応じて動作していることに気付く学習を取り入れていくこと」が例示されているが，本来の理科の到達目標のために，なぜプログラミングが必要なのか，どう説明するというのだろうか．プログラミングを取り入れるより，電気の性質や働きを利用した工作をさせた方が，本来の目的に合致しているのではないだろうか．少なくともこれまでの小学校の理科では，電気の学習の時には，様々な工作や理科の実験器具を用いた実験がよく行われている．電気の学習で学んだことを生かして工作をし，自分で工夫した電動鳥のえさやり機等が動いたりすると感動するものだ．そういった工作の時間は削って欲しくないと思うし，電気の学習を生かした工作よりプログラミングをした方が電気の性質を深く理解するとは考えにくい．この件に関しては6章

で詳述する．

1.2 第4の波の後に存続する職種と消滅する職種

さて，よく知られているようにアルビン・トフラーは，狩猟採集社会の文化からの農業革命後の社会を第1の波と呼び，農耕社会から産業・工業社会への移行を第2の波と呼び，産業・工業社会から脱工業化社会を第3の波と定義している[5]．第2の波では，大量生産，大量流通，マスメディア，画一性などがキーワードとして挙げられた．第3の波により，現代のサービス業中心の生産消費者の時代が到来し，情報化社会が形成され，情報革命なども起きた．

そして，昨今の急速なAIの発展により第4の波が起こるであろう．自動運転自動車や自動運搬車両など，人の形をしないモノへのAI技術の利活用も進むであろうが，第3次産業の中心であったサービス業は人が中心であったことを考えると，多様なAIが埋め込まれた人工物やロボット，ヒューマノイドロボットが登場するであろう．

レストランで注文を受けるのは，テーブルに備えられているタッチパネルで料理を選ぶ方式で十分事足りる．既にこの方式を取り入れた店舗も普及しつつあり，混雑するときなど手元ですぐに注文ができ便利である．テーブルを見て回り，空いたお皿を片付けたり，水がなくなった人のコップに水を注ぐのは，動き回る機能特化型ロボットで事足りるだろう．レシピ通り料理をつくる機械も，調味料や食材ごとにセットする場所を備え，茹でる分数や肉の厚みに応じて焼き加減，調味料の分量や手順などを個人で設定できる機械を一つ製作すれば，あらゆる料理に適応でき汎用性が高い機械が製作できると予測されるので，一度に50人以上収容可能な規模であっても，レシピを考え設定し，食材を適材適所にセッティングする料理人が一人いるだけの店も増えるだろう．

唯一機械化が当面されないのは清掃係かも知れない．床を拭くだけであれば既に自動掃除機が普及しているし，食洗機も普及した．もちろん一度に大量に皿を洗わなければいけない飲食店では，既に活用している所も少なくないだろう．しかし，台所に食洗機が備え付けられていても，普段使わない家庭は多い．理由は簡単で，効率を考えると，わずかな食器であれば，食洗機に任せる

より人間が手で洗った方が早いからである．

　床を拭くだけならロボット掃除機に任せれば良いが，座席ごとにテーブルや椅子の足が汚れていれば拭いたり，座席を直したり，壁や洗面所等に汚れがないか定期的にチェックして，汚れがあればすぐに掃除をしたり，作業内容は多義に渡る．臨機応変に対応できるロボットを開発するならば，機械化できないわけではないが，ロボット化には案外コストがかかる．洗面所の設計や内装は店ごとに異なる．柄がある壁に汚れがあれば，人の目であればすぐに汚れと判別できるが，機械に柄と汚れの区別をさせることは容易ではない．汎用的なロボットの製作は難しく高額なコストがかかるため，機械化するより，人を雇った方が安上がりであるため，清掃業は人が行う仕事として今後も残る職業のひとつだろう．ビルの窓を拭く機械を稼働させる技術や様々な機会を利用するスキルを要求され，清掃業技術担当者などの新しい職種も誕生するかも知れないが，仕事の内容の変化はあっても職種としては存続する．

　清掃業以外では，少なくとも会社を起業する人（社長），店主，AIやロボットや機械等の開発者，生産工程・販売工程・流通工程の管理者，政治家や専門職の一部は人の仕事として残るであろう．

　人の職業としては減少する仕事は，業務に特化した機械に置き換わる仕事と人の形をしたロボットに置き換わる仕事に分類される．店に入ると，壁から「いらっしゃいませ」の声が聞こえるより，これまでの習慣から人の形をしたロボットが出迎えた方が心地よい．万引き防止のための監視カメラによって監視されている店内で商品を見て回るより，要望や買いたい商品を聞き店内を案内してくれる流行のファッションをまとったヒューマノイドロボット，商品の説明やハウスマヌカンのような役割をするのは，業務機械ではなく，人の形をしたヒューマノイドロボットが役割を担うことになるであろう．ただ，人の職業としては限りなく消滅するだろう．

　判断基準は費用対コストにつきる．店員の役割をするヒューマノイドロボットは汎用性が高い．顔の造りはいかようにもオーダーメイドで変化させられるし，店員の役割を担うという機能そのものは，汎用性が高いため，大量生産が可能であり，8時間以上稼働させても残業代を支払う必要はなく，人を雇用す

るよりヒューマノイドロボットの方が安上がりになる．

　この手の予測は，様々な人が述べているがオズボーン（2013）[6]の論文「雇用の未来」で予測されている存続する職種と消滅する職種を表 1-1 にまとめた．米国労働省[7]のデータに基づき，702 の職種が今後どの程度 IT 技術によって自動化されるかを分析した結果から，今後 10 〜 20 年程度の間に，米国の総雇用者の約 47％の仕事が自動化されるという予測をした論文である．

　なるほどと思う部分も多いし，IT 技術の進展によって置き換えることができるという意味ではまさにこの通りなのだろう．だが，データがはじき出した結果から可能なことと実際にそうなることは少し違うように考えている．たとえば運送業（Cargo and Freight Agents）に関しては，物流を完全に自動化することは現在の技術でも十分可能と考えられるが，全自動化するためには，様々な不規則性にすべて対応させる機能が必要であり，そのためには相当のコストを投じなければならない．現在の人件費に比して当面は実現しないと考えるからである．今でも，駅などに宅配便のポストが設置されているところがあり，駅で宅配便を送り駅で受け取るサービスなどもあるが，やはり自宅に取りに来て貰うという便利さに比べると，すべて宅配ポスト利用には置き換わらないだろうし，長距離トラック輸送はなくなったとしても，届いた品物の個別の仕分け作業は，機械化するよりも人間が行った方が的確かつ迅速に低コストで行うことができると考えるからである．

　仕立屋・手作業による繕い物（Sewers, Hand）も消滅する仕事ワースト 3 位とされているが，現在でも既に独立した仕事としてはほとんど成立していない．一部の高級仕立屋以外は，デパートの一部で業務として請け負っていたり，衣料品店が行っていたりする．ボタンの位置をここに付け替えて欲しい，学生服なので，一時的に裾を詰めて，後から戻せるようにして欲しいなど，顧客のニーズに合わせて，素早く行うためには，商品を販売する店舗で人が手早く行った方が効率的だ．いくら AI が進化したとしても高度でない作業であっても，個々の衣類の作りが異なるためパターン化が難しいボタン付けや裾上げなどの繕い物業は，これまでとあまり変わらないだろうと予測している．これまでも存在していないように，繕い物専門店として独立した店を構えることは

表 1-1　存続する職種と消滅する職種

	消滅しない職種	消滅する職種
1	レクリエーションセラピスト	テレマーケティング（電話による商品販売）
2	最前線のメカニック，修理工	タイトル審査，抄録者
3	緊急事態の管理監督者	仕立屋・手作業による繕い物業
4	メンタルヘルスと薬物利用者サポート	数理技術者
5	聴覚医療従事者	保険業者
6	作業療法士	時計修理業
7	義肢装具士	運送業
8	ヘルスケアソーシャルワーカー	納税申告書作成業
9	口腔外科	カメラ，撮影機材の修理工
10	消防監督者	新規会計係
11	栄養士	図書館司書
12	施設管理者	データ入力作業員
13	振り付け師	タイミング装置アセンブラー
14	セールスエンジニア（技術営業）	保険外交員
15	内科医と外科医	仲介業者
16	指導（教育）コーディネーター	銀行の融資担当者
17	心理学者	保険鑑定士
18	警察と探偵	スポーツの審判，スポーツ施設職員
19	歯科医師	出納係
20	小学校教師	彫刻師
21	医療技術者	パッケージ化と充填機オペレーター
22	学校長・教育管理職	資材調達事務員
23	足病医（米国には存在するが日本にはない）	部品営業担当者
24	学校カウンセラー	物品の送付受け取り担当の事務員
25	メンタルヘルスカウンセラー	フライス盤とプレーニングマシン設置者・オペレーター
26	アパレルパターンナー	信用調査員
27	展示デザイナー	部品の営業担当者
28	人事マネージャー	クレーム対応担当者
29	リクリエーションワーカー	ドライバー／販売労働者

30	トレーニングと開発マネージャー	無線オペレータ
31	音声言語病理学者	法務書記官
32	コンピュータシステムアナリスト	簿記，会計，および監査事務員
33	社会とコミュニティサービスマネージャー	検査，テスター，分類，見本採取，測定者
34	学芸員	モデル
35	アスレティックトレーナー	ホストとホステス，レストラン，ラウンジ，コーヒーショップ店員
36	医療関係者・保健士・ケアマネージャー	クレジット承認者，会計係
37	保育士	給与担当と時刻管理事務員
38	ファーム，ホームマネジメント・アドバイザー	農業と食品科学技術者
39	人類学者や考古学者	電話オペレーター
40	中学校の特別学級教師	不動産ブローカー

難しいが，衣料品を扱う店舗で，人が顧客のニーズに応じて裾上げなどを行う手作業の繕い物業は，なくならないと予測している．同様にオズボーンの考えとしては，時計やカメラなども，使い捨てになるという趣旨なのかも知れないが，使い捨てにしているユーザーは既にこれまで通りだが，様々な理由から壊れても直して使用し続けたいと考えるニーズは必ずあり，祖父母が使用していた時計を直して欲しいとか，2眼レンズカメラを修理して欲しいなど，人でないと対応が難しい修繕が必ず残ると考えるため，そういった修繕作業もなくなることはないだろう．

　この他，費用対効果の側面と，個別に対応すべきことが多いために人の仕事として残ると筆者が予測している清掃業は，オズボーンの予測では445位である．類似した観点でなくならないと考えているランドリー．ドライクリーニング業は，オズボーンの予測では392位に位置づけられている．オズボーンの予測では，消滅しない仕事ベスト40に「AIや情報の研究者・開発者」があがっていないが，筆者はベストテンに数えるだろう．そのほかの分野の研究者も消滅しないと予測している．そもそも，研究は特定の利害のために行うものではなく，ゴールも定まっていない．未知の事柄を探求すること自体が目的で

あり，多くの人々の研究成果が積み重なって社会を揺り動かす発明に至ることもあると考えるからである．物理学者のピエール・キュリーと妻マリー・キュリーによって閃ウラン鉱内から放射性物質が発見され，彼らはその放射性物質をラジウムと名付けたが，それが後に原子爆弾の製作につながるとは全く考えていなかったはずである．基礎研究はすぐには結果が成果として目に見えないし，ゴールも定まらない．仮説自体を自ら立てて検証する研究をAIが行えるようになる時代は2045年を過ぎても訪れることはないと考えるからである．

1.3　大学生が考える存続する職種と消滅する職種
　　　　— 実現／非実現，期待／非期待

　図1-1は産業別就業者数の推移である．図を見ると農業・漁業・酪農などの第1次産業は衰退の一途を辿り，産業・工業などの第2次産業は大きな変化はなく，サービス業を中心とした第3次産業は成長を続けている．しかし，デパートやホテルの従業員の7割がヒューマノイドロボットに置き換わり，物流は自動操縦者と各家庭に荷物を届ける運搬係のヒューマノイドロボットに置き換わると，急速に就業者数を伸ばした第3次産業に従事する就業者数の割合は

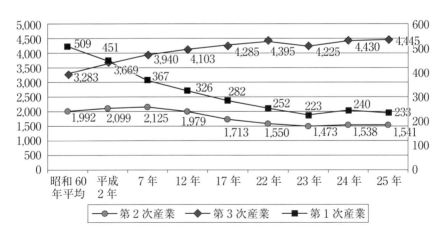

図1-1　産業別就業者数の推移（縦軸；%，横軸；年）
e-Stat（http://www.e-stat.go.jp/）内の「時系列データ：人口の労働力状態，就業者の産業・職業」のデータを元に筆者が作成．

急速に低下することが予測される.

　第3次産業崩壊により仕事を失った人々が，ラッダイトを踏襲することにならないようにするためには，ヒューマノイドロボットやAI機器に置き換わる仕事と置き換わらない仕事に分類し，置き換わらない仕事に必要なスキルを身につけられる教育に転換していく必要がある．そのために，本書では，ヒューマノイドロボットへの期待←→非期待，実現←→非実現の軸により，期待され実現されることは何か，期待されないが実現するであろうことは何か，期待されていないし実現しないことは何か，期待しているが実現していないことは何かを明らかにする．本調査結果は加納（2015）において報告した結果である[8]．

■方　法

　Y大学「情報社会論」2015年の授業において以下の手順で考察を進めた．参加者は教員1名，受講者19名である．

手順1：テキスト「情報社会論」[9]をベースにした講義をした．

手順2：ヒューマノイドロボットに役割として期待することと，期待はしないがいずれは人と置き換わるであろう役割について，自由記述を求めた．

手順3：ヒューマノイドロボットの模型を組み立て，街を歩かせ，未来社会をイメージしディスカッションした．（図1-2abc）．

手順4：手順2で書いた自由記述及び，手順3で行ったディスカッションを通し，図1-3に示すヒューマノイドロボットへの期待←→非期待，実現←→非実現の図へ分類した．

■記述式結果

　まず，ヒューマノイドロボットに役割として期待することと，期待はしないがいずれは人と置き換わるであろう役割について，自由記述をした結果について，テキストマイニングソフトウェアTerm Extractによる抽出語40語を用いたKH Coderによる形態素解析を行い抽出語・共起ネットワークの結果を図1-3に示した．また，クラスタ分析の結果は図1-4に示した．災害・危険・

第1章　AIやヒューマノイドロボットが身近となる社会とは　13

図1-2a　ヒューマノイドロボットが大量に生産された様子

図1-2b　街の中のヒューマノイドロボット

図1-2c　ラッダイド運動のような事件が起きて，ヒューマノイドロボットが不要物として山積みされた様子

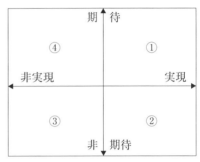

図1-3　期待と実現の構図

救助等が関連づけられていることから「危険が伴う仕事」，工場・作業が関連づけられていることから「工場内での作業」，高齢者・介護が関連づけられていることから「介護」に関する領域が抽出された．各領域を示す自己組織化マップは図1-6に示した．

図1-3，1-4，1-5の機械抽出による分類と，記述式の読み直しから，下記のような傾向が見られ，主な柱を10点抽出した．

① 災害時の活躍

「東日本大震災が起こった時にニュースで見て驚いたのは，無人のロボットが被災地のがれきの山に入っていき調査をするというものです．ヒューマ

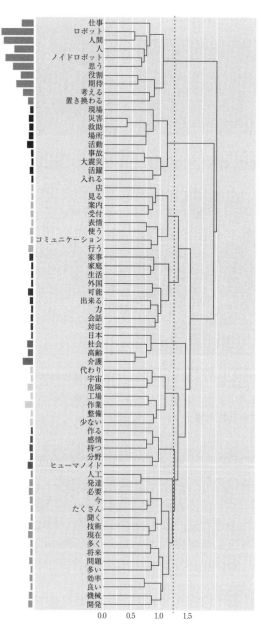

図1-4 クラスタ分析の結果

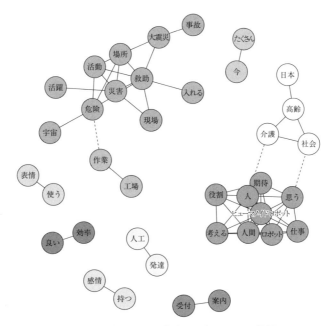

図1-5　抽出語・共起ネットワークの結果

ノイドロボットではありませんでしたが，人間が入れないような危険な場所で無人ロボットが活躍しているということにとても可能性を感じました．今後技術が発展すれば，ヒューマノイドロボットもそういった人間では危険な場所での活躍が期待できるのではないでしょうか．

　そのときにニュースで見たロボットはカメラで撮影をするだけのもので，その場でなにか作業をするということはできないようでした．ヒューマノイドロボットなら，撮影だけでなく，救出する作業も可能になると思います．

　まだまだ先の話かもしれませんが，いずれは，人間では危険を伴うことが多いような場所での作業をヒューマノイドロボットが担うとこができるだろうと考えます．リスクが大きく作業が滞ってしまう場面での作業を的確にかつスムーズにこなせるようになることがヒューマノイドロボットの役割であると思います」．

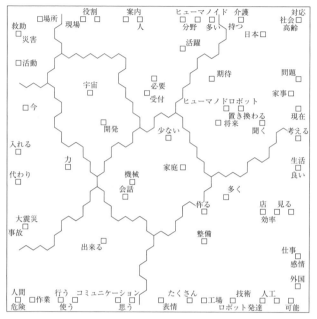

図1-6　自己組織化マップ

② 救助活動

　「私がヒューマノイドロボットの役割として期待する事は，救助活動です．現在の救助活動は人間が行っています．ですが救助活動とは大変危険なことです．助けにいっても，結局誰も助けられずレスキュー隊員も犠牲になることは少なからずあると思います．ですがヒューマノイドロボットが救助活動を行えるようになれば，レスキュー隊員も犠牲になることは確実になくなるでしょう．またロボットは人間より耐熱性や強度もあると思われるので，人間では行けなかった場所でも助けに行けると思います」．

③ 危険な仕事

　「今，人が行っている活動や仕事の中には危険なものも多く，一歩間違えれば命を失うものも少なくありません．たとえば，地雷の撤去です．無人地雷撤去装置も開発されましたが，コストや精密さなど様々な問題により依然として人の手で行われています．しかしヒューマノイドロボットが開発され

れば実際に人が行うのと変わりない仕事を安全にこなすことができます．また最近問題となった原子力発電所崩壊による放射能汚染地域の整備も行うことができます．人が実際に行って行うことができない仕事もロボットが重機や道具を使えるようになればロボットを送り込むだけでよくなります．重機に遠隔操作用をシステムを導入する手もありますが，一つの重機にできる仕事の幅は限られていますのでたくさんの種類の重機が必要となります．当然，導入の費用も掛かりますし何より器用さが足りません．その点，ヒューマノイドロボットは少数でも現存している重機を送るだけで仕事をしてくれますし，不測の事態においても人間が指示を送るだけで人間がいるのと同等の仕事が行えるので，できることの幅が広がります．これらのように，ロボットが機械を扱えるようになれば『人間が行うほうが効率的だが人間が行えない仕事』をより安全にかつ効率的に行うことができると思います」．

④　家事育児

「ヒューマノイドロボットに期待することは，子どもの世話をしてくれること．なぜならロボットが世話をしてくれるなら母親の負担が減ると思うから」．

「私がヒューマノイドロボットに期待していることは，家事である．その理由は，大学生になって一人暮らしを始める前は料理，洗濯，掃除などの家事は，すべて親がやっていたことで，私には，まったく経験がなかったことであり，一人暮らしを始めてとても面倒なことだと痛感させられたからである」．

「内閣府の調査（2013 年）[10]で家事や買い物，育児などの『無償労働』を金額に換算……1 人当たりの家事労働による年収は約 192 万 8,000 円となった．」

「このことを，考慮するとすべての家事をやってくれるヒューマノイドロボットというのは，とても魅力的だと考えられる」．

⑤　世話係

「私が欲しいと思うヒューマノイドロボットの具体例は，映画『アイ，ロボット』に出てくるものである．あの映画内では，ロボットが人間を助けた

り，人間に言われたものを取りに行ったり，人間と自然に会話できるほど言語能力がある．このようなヒューマノイドロボットが，実現すれば私たちの生活は，良いものになると考えられる」．

⑥　介護

「私がヒューマノイドロボットに期待することは，ロボットが介護を必要とする人間のもとで働くことである．日本は，今日少子高齢化が進んでいる．また，テレビや新聞では『介護疲れ』によって介護者が自殺をしたという報道を見ることもある．そこで，ロボットには，人間とコミュニケーションをとること，効率よく物を運ぶことが出来る，といった技術を用いて様々な問題を解決してほしい．たとえば，人手不足の老人ホームではロボットを活用して仕事の効率を良くすることが出来る．もちろん，人手不足の解消にもなるだろう」．

⑦　農作業

「期待はしないがいずれ人間と置き換わるであろう役割については，農業において，ロボットが人間の代わりに作業することである．現在，全世界の人口は70億人を超え，さらに増え続けている．このままでは食糧の確保が難しくなることが考えられる．そこで，ロボットが力となり，人間が行う作業を人間がやるよりも効率良くこなしていけば，いずれ人間の力もいらなくなり，役割がロボットに置き換わるだろう．そして，食糧問題も解決に近づくのではないか．このことから，農業にヒューマノイドロボットを用いることで，農業における人間の役割がロボットに置き換わっていくはずだ」．

⑧　運搬業

「ヒューマノイドロボットの役割として期待していることは，物を運ぶ仕事だ．工場での作業だけではなく店のウエイターとして働いてもらうことを期待している．そうすれば大規模な店ではたくさんの人を使わなくても仕事が進められる．人間では迷ってしまう恐れがあることでもヒューマノイドロボットならば正確に仕事ができ，ロボットを有効に活用できると考える」．

⑨　接客業

「ヒューマノイドロボットには期待はしていないがいずかれは人と置き換

わるであろう役割は，人とコミュニケーションをとることである．これは，電話の受け答えや窓口など少人数では対応できないことに活用できるからである」．
⑩ 家族
「私が一番最初に期待したのはロボットが私たちの生活の一部となっている世界です．もし，感情を理解する技術がより高性能になり，動作・外見を人間に近づけることができれば，ヒューマノイドロボットは人間とほとんど変わらなくなる．そうすれば，一人で暮らしている高齢者，心に傷を負った人などへ家庭として入れば家族として受け入れられ，孤独感を埋めてくれたり，心の傷を癒してくれるケアロボットとして活躍するのではないだろうか」．

　上記10点以外には，通訳，夜間の仕事，数学や社会などの教科を学校や塾で教える役割，防犯，料理を提供できる役割，薬局などの医療現場で処方された薬をそろえて出す役割，車の運転をする役割，障害を持つ人への介護の役割，単純な会計（コンビニ，スーパーなど）をする役割，独身や1人で暮らす人のための家族のような会話をする役割（孤独死などの対策として），優秀な知識，多くの言語を操れる知識をもった交渉用ロボットの役割，テーマパークやライブ会場での受付や本人照合ができる役割，空港で海外の人への案内や誘導を促す役割，遠隔操作により離島や専門の医者がいないところでの診察をする役割，宇宙での長期調査の役割，接客業，教師等が挙げられた．

■ 期待と実現の構図
　手順3，手順4及び3.1の分析を経て，図1-7に示すヒューマノイドロボットに対する期待と実現の構図を作成した．

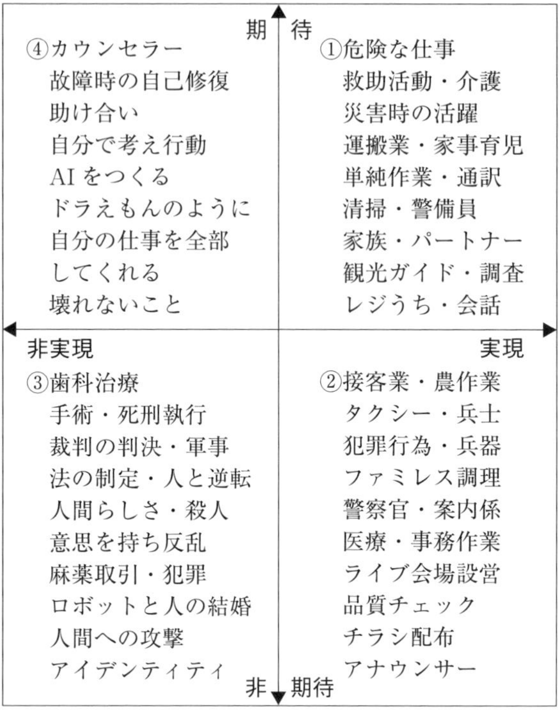

```
                          期待
        ④カウンセラー        ①危険な仕事
         故障時の自己修復     救助活動・介護
         助け合い          災害時の活躍
         自分で考え行動      運搬業・家事育児
         AIをつくる        単純作業・通訳
         ドラえもんのように    清掃・警備員
         自分の仕事を全部     家族・パートナー
         してくれる         観光ガイド・調査
         壊れないこと       レジうち・会話
   非実現                                実現
        ③歯科治療         ②接客業・農作業
         手術・死刑執行      タクシー・兵士
         裁判の判決・軍事     犯罪行為・兵器
         法の制定・人と逆転    ファミレス調理
         人間らしさ・殺人     警察官・案内係
         意思を持ち反乱      医療・事務作業
         麻薬取引・犯罪      ライブ会場設営
         ロボットと人の結婚    品質チェック
         人間への攻撃       チラシ配布
         アイデンティティ   非 ↓ 期待  アナウンサー
```

図1-7 期待と実現の構図

■消滅する仕事と存続する仕事ベスト10

　オズボーンの予測と大学生の意向調査を踏まえ，コストベネフィットの視点から，消滅する仕事と存続する仕事ベスト10を予測しておく．10年後20年後に本書を再度ご覧いただけたら幸いである．

〈存続する仕事ベスト10〉
① 清掃業
② クリーニング業
③ 修繕業（時計・カメラ・衣類・骨董品すべて含む）
④ 医師・看護師．保健師・検査技師等医療従事者
⑤ ケアマネージャー・介護士・介護施設従事者
⑥ AI及び情報関連研究者・技術者

⑦　政治家
⑧　研究者
⑨　教師
⑩　会社経営者・社長

〈消滅する仕事ベスト10〉
①　店員・店頭販売員
②　事務員・データ入力作業員
③　通訳・翻訳家
④　保険外交員
⑤　訪問販売員
⑥　仲介業
⑦　営業担当者
⑧　中間管理職
⑨　モデル
⑩　電話オペレーター

■消滅しないが大部分がコンピュータで行えるようになるであろう業務
①　医師の初診（症状をパソコンに入力し本人確認ができれば，軽い症状であればコンピュータが診断し，病院にかかることなく，症状に合わせた薬が処方され，処方箋を薬局に送信すると，処方薬が届けられる）．
②　簡単な法律相談（困っていることを法律専門のデータベースに入力し，質問に答えていくことにより，どのような法律があり，どうすれば問題が解決するのかコンピュータが診断し，対処方法を教えてくれる）．
③　役所の業務（今は所定の様式に人が書いて，人が点検して受け付けているが，個人データが一元化して管理されるようになれば，個人データは既にデータベースにある訳なので，住民票の移動であれば，引っ越し先の住所を入力すれば，自動的に住民票が移動できるなど，大部分が自動化し，自分で書類を記入したり，人の手を介すことがほとんどなくなる

だろう）．

医師・弁護士・公務員は存続し続けるであろうし，医学や法学の研究者は増えるかも知れないが，第一線で働く人の数は激減すると予測する．

注

1) Capek, Karel (1920), R. U. R. (Rossum's Universal Robots), (訳) 大久保ゆう, RUR ― ロッサム世界ロボット製作所, 青空文庫, http://www.aozora.gr.jp/cards/001236/files/46345_23174.html
2) https://youtu.be/7Pq-S557XQU
3) Brian Christian, 吉田晋治訳 (2014), 機械より人間らしくなれるか？：AIとの対話が，人間でいることの意味を教えてくれる, 草思社文庫, 東京.
4) http://www.mext.go.jp/b_menu/shingi/chousa/shotou/122/attach/1372525.htm
5) Alvin Toffler (1987), Previews & Premises: An Interview with the Author of Future Shock and The Third Wave, Black Rose books, Montreal.
   アルビン・トフラー，ハイジ・トフラー，山岡洋一（翻訳）(2006), 富の未来（上）, 講談社, 東京.
6) Carl Benedikt Frey, Michael A. Osborne (2013) THE FUTURE OF EMPLOYMENT: HOW SUSCEPTIBLE ARE JOBS TO COMPUTERISATION?
   http://www.oxfordmartin.ox.ac.uk/downloads/academic/The_Future_of_Employment.pdf
7) http://www.bls.gov/
8) 加納寛子 (2015), ヒューマノイドロボットと人と社会の関係について ～期待されることと期待されないこと～, 信学技報, vol.115, no.283, 11-16.
9) 加納寛子 (2007), 情報社会論, 北大路書房, 京都.
10) 内閣府経済社会総合研究所国民経済計算部地域特定勘定課 (2013)「家事活動等の評価について―2011年データによる再推計―」

第2章
「情報的な見方・考え方」を育てる情報教育

1. 学校教育における情報化への対応

　社会の情報化が進展し，学校教育において情報化への対応が指摘されたのは，1985年臨時教育審議会第一次答申においてである．そこでは，「人々が主体的な選択により情報を使いこなす力を身につけることが今後の課題である」と提言された．翌年同第二次答申において，「情報活用能力」は，読み・書き・算盤と並ぶ基礎・基本として位置づけられた．さらに，1987年教育課程審議会答申において，情報の理解，選択，整理，処理，創造などに必要な能力及びコンピュータ等の情報手段を活用する能力と態度の育成が，提言された．これを受けて，1989年改訂の学習指導要領の中では，コンピュータ等に関することを中心に，学校段階別に取り扱いの方針が定められた．

　さらに情報化への拡充が提言されたのは，中央教育審議会答申「21世紀を展望したわが国の教育のあり方について（1996年）」においてである．ここでは，(1)情報教育の体系的な実施 (2)情報機器，情報通信ネットワークの活用による学校教育の質的改善 (3)高度情報通信社会に対応する新しい学校の構築 (4)情報社会の「影」の部分への対応が，推進すべきこととして示された．(1)を具体化したのが高等学校普通科における普通教科「情報」の設置である．普通教科「情報」では，小・中学校での学習の基礎の上に立って，各教科でのコンピュータの活用を促すこととともに，学校や生徒の実態に応じて情報に関する教科・科目が履修できる配慮の必要性も提案された．そして，情

報手段の活用を図りながら情報を適切に判断・分析するための知識・技能を習得させ，情報社会に主体的に対応する態度を育てることなどを内容とする教科「情報」を新設し「必修」とするに至ったのである．

　このように長い年月を経て必修教科となった高等学校普通科「情報」が施行されて平成25年度は11年目となる．平成25年度からは「社会と情報（2単位）」「情報の科学（2単位）」の2科目となり，内容が洗練され大幅に改訂された．しかしながら，大学1年生に情報に関する用語テストを行うと，身につけている用語が一定でなく，不十分な学生が多い．入試科目ではないため，軽視される傾向にあり，出身高校や本人の教科「情報」に対する熱心さの度合いも影響しているだろう．用語が不十分な学生に，高等学校の情報で何を学んだかを尋ねると，プレゼンソフトでプレゼンをした，ワープロソフトで案内状や文書作成などをした，表計算ソフトでグラフを作成した，情報モラルを学んだ，などの回答が返ってくる．一時期マスコミ等によって未履修問題が指摘されて以降，未履修は減ったものの，実習室でパソコンを操作しているか，情報モラルに関する講義を聞くことが情報の授業だと認識しているようである．筆者はかつて，高等学校の学習指導要領の項目について学んだか否かのアンケートを採ったが，分析するに至らなかった．つまり，学んだか否かの記憶が曖昧だという学生が大多数を占めたのである．教える側の教員に尋ねた折にも，「情報」で学ぶべき事柄や定義に対して曖昧な答えが返ってくることが多い．そこでまず，テキストマイニングにより文部科学省検定教科書高等学校「情報」の用語分析を行い，頻出回数と用語の出現パターンから教科書の用語を分類した結果（加納ら，2013）[1]を紹介する．

2.「情報」および「情報リテラシー」の定義

　「情報」に関しては，様々な定義がある．たとえば，サイバネティクスの創始者であるN.ウィナーによれば，「情報とは，われわれが下界に対して自己を調節し，かつその調節行動によって下界に影響を及ぼしていく際に，下界との間で交換されるものの内容を指す言葉である．情報を受け取ることによって，

われわれは環境の予知しえぬ変転に対して自己を調節し，効果的に生きていくことができる．すなわち，環境に適応するために情報が必要である．（流通用語辞典）」．また，世界大百科事典第2版によれば，「情報とは，人間を離れて客観的に伝達・処理ができるようになった段階でのそれをいう．その伝達や処理は，元来人間が担っていたものであるが，技術発達の過程で，材料加工から〈物質〉の概念が生まれ，原動機の開発から〈エネルギー〉の概念が生まれたように，通信技術やコンピュータや自動制御の発達の結果，新しく〈情報〉の概念が形成された」[2]と解説されている．

また，シャノン，クロード・E（1916～2001）[3]は，ビットによる情報の単位の定義やエントロピーを用いた情報量の計算，符号化定理，標本化定理など今日まで受け継がれている情報理論の基礎を形成した．情報そのものは目に見えるものではないため，情報には様々な表現方法がある．物理量が同じ2つの場面であっても，その並べ方や位置などによって伝達される情報は異なってくる．シャノンが詳細に定義しているのも，主に数値化することによる情報の表し方である．複雑な社会システムを理解するためには，情報的な見方・考え方が必要不可欠である．

本書では，「情報」を，「現象や事象等すべての存在に意味を付与して伝達するもの」と定義する．そして，「情報的な見方・考え方」とは，「様々な現象や事象等を解釈し意味を付与し，場面に応じて適切に判断・処理する見方・考え方」と定義する．さらに，リテラシーとは正しく読み書きする能力であるから，「情報リテラシー」とは，「情報的な見方・考え方を身につけ，現象や事象等を適切に解釈し意味を付与し，分析し，判断し，表現および伝達する能力」とする．

3．高等学校「情報」の目標と内容

高等学校「情報」の学習指導要領[4]では，表2-1に示す目標と内容を掲げている．これら目標と内容に加えて「内容の取り扱い」が示されている．検定教科書高等学校「情報」の2科目「社会と情報」と「情報の科学」は，異なる科目として設定されており，異なる科目の教科書として作成されている．「内

表 2-1　高等学校「情報」の目標と内容

		目　標
		情報の特徴と情報化が社会に及ぼす影響を理解させ，情報機器や情報通信ネットワークなどを適切に活用して情報を収集，処理，表現するとともに効果的にコミュニケーションを行う能力を養い，情報社会に積極的に参画する態度を育てる．
内容	(1) 情報の活用と表現	ア）情報とメディアの特徴 情報機器や情報通信ネットワークなどを適切に活用するために，情報の特徴とメディアの意味を理解させる．
		イ）情報のディジタル化 情報のディジタル化の基礎的な知識と技術及び情報機器の特徴と役割を理解させるとともに，ディジタル化された情報が統合的に扱えることを理解させる．
		ウ）情報の表現と伝達 情報を分かりやすく表現し効率的に伝達するために，情報機器や素材を適切に選択し利用する方法を習得させる．
	(2) 情報通信ネットワークとコミュニケーション	ア）コミュニケーション手段の発達 コミュニケーション手段の発達をその変遷と関連付けて理解させるとともに，通信サービスの特徴をコミュニケーションの形態とのかかわりで理解させる．
		イ）情報通信ネットワークの仕組み 情報通信ネットワークの仕組みと情報セキュリティを確保するための方法を理解させる．
		ウ）情報通信ネットワークの活用とコミュニケーション 情報通信ネットワークの特性を踏まえ，効果的なコミュニケーションの方法を習得させるとともに，情報の受信及び発信時に配慮すべき事項を理解させる．
	(3) 情報社会の課題と情報モラル	ア）情報化が社会に及ぼす影響と課題 情報化が社会に及ぼす影響を理解させるとともに，望ましい情報社会の在り方と情報技術を適切に活用することの必要性を理解させる．
		イ）情報セキュリティの確保 個人認証と暗号化などの技術的対策や情報セキュリティポリシーの策定など，情報セキュリティを高めるための様々な方法を理解させる．
		ウ）情報社会における法と個人の責任 多くの情報が公開され流通している現状を認識させるとともに，情報を保護することの必要性とそのための法規及び個人の責任を理解させる．
	(4) 望ましい情報社会の構築	ア）社会における情報システム 情報システムの種類や特徴を理解させるとともに，それらが社会生活に果たす役割と及ぼす影響を理解させる．
		イ）情報システムと人間 人間にとって利用しやすい情報システムの在り方，情報通信ネットワークを活用して様々な意見を提案し集約するための方法について考えさせる．
		ウ）情報社会における問題の解決 情報機器や情報通信ネットワークなどを適切に活用して問題を解決する方法を習得させる．

容の取り扱い」に違いはあるが，どちらか一方を選択する選択科目であり，どちらを選択しても学ぶべき学習目標と内容は統一されているため，学ぶべき用語には大幅な差はないと考え，「社会と情報」の教科書[5]について用語の分析を行った．

4. 検定教科書高等学校「情報」の用語分析

「社会と情報」の教科書のテキストデータについてKH Coder[6]を用い，用語を分析した．「情報」教科書の名詞およびサ変名詞それぞれの頻出回数130位は表2-2に示した．当然のことながら「情報」が1,284回で最も頻出しており，インターネット312回，通信282回，データ280回，コンピュータ273回の順で頻出していた．

次に，文書中における共起の程度が強い語彙（出現パターンの似通った語彙）を線で結んだネットワーク図を図2-1に示した．文単位で集計し，共起

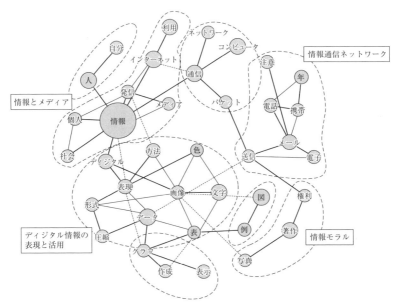

図2-1　教科書「情報と社会」の共起ネットワーク図

関係(edge)は語—語とし，描画する共起関係の描画数は60とし，強い共起関係ほど太い線で表し，出現数の多い語ほど大きい円で描画した．共起関係の強い語群を点線でマークした．教科書「情報と社会」の共起ネットワークより，用語「情報」を中心とした情報の発信や個人，社会，メディアなどの「情報とメディア」に関する用語群，ネットワークや通信などの用語を中心とする「情報通信ネットワーク」に関する用語群，ディジタルや画像，データなどの用語を中心とする「ディジタル情報の表現と活用」，メールや携帯電話に関する用語群と著作や権利に関するよう語群を併せて「情報モラル」に関する用語群に分類された．

表 2-2 「情報」教科書用語の頻出回数 130 位

	名詞	回	サ変名詞	回		名詞	回	サ変名詞	回
1	情報	1,284	通信	282	18	権利	90	検索	81
2	インターネット	312	利用	251	19	社会	89	アドレス	74
3	データ	280	著作	246	20	コード	88	活用	74
4	コンピュータ	273	メール	203	21	方式	85	機能	74
5	文字	261	表現	182	22	ソフトウェア	85	記録	74
6	ディジタル	204	電話	167	23	技術	84	放送	70
7	方法	163	表示	136	24	ウイルス	82	処理	69
8	画像	136	発信	131	25	パスワード	79	確認	66
9	形式	134	作成	115	26	ファイル	77	公開	66
10	電子	115	注意	106	27	アナログ	76	プログラム	65
11	グラフ	107	携帯	101	28	システム	73	評価	63
12	ネットワーク	105	圧縮	100	29	プレゼンテーション	68	スライド	60
13	ビット	99	送信	88	30	財産	68	変換	58
14	パケット	99	装置	86	31	資料	67	解決	56
15	写真	99	入力	83	32	動画	63	使用	56
16	メディア	97	サービス	82	33	文章	63	接続	54
17	暗号	94	アクセス	81	34	ユーザ	62	発表	50
					35	サイト	58	計算	48

	名詞	回	サ変名詞	回		名詞	回	サ変名詞	回
36	テレビ	58	操作	48	67	端末	38	コピー	30
37	音声	57	特定	48	68	犯罪	37	行為	30
38	法律	57	実習	47	69	コミュニケーション	37	指定	30
39	ネット	56	設定	46	70	セル	37	分析	30
40	セキュリティ	54	対策	45	71	巻末	37	感染	29
41	プロトコル	54	伝達	44	72	世界	36	発達	29
42	回線	54	複製	44	73	部分	36	管理	28
43	符号	53	選択	40	74	ビデオ	36	構成	28
44	機器	52	提供	40	75	範囲	36	引用	27
45	効果	51	チェック	39	76	カード	36	録音	27
46	手順	51	請求	39	77	カメラ	35	出版	26
47	数値	51	変化	38	78	音楽	34	侵害	26
48	クリック	51	工夫	37	79	条件	34	統合	26
49	一般	50	整理	37	80	基本	34	普及	26
50	場所	49	意味	36	81	新聞	33	話	26
51	ページ	48	記憶	36	82	人間	33	メモ	25
52	メモリ	46	収集	35	83	知的	32	応答	25
53	キーワード	45	説明	35	84	映画	32	撮影	25
54	ソフト	45	挿入	35	85	事典	32	対応	25
55	秘密	44	閲覧	34	86	単位	32	配慮	25
56	エンジン	43	交換	34	87	バイト	31	理解	25
57	サーチ	43	保護	34	88	手段	31	サンプリング	24
58	パソコン	42	意見	33	89	状態	31	移動	24
59	アイデア	42	信頼	33	90	バー	31	公表	24
60	画面	41	練習	33	91	ワープロ	31	制限	24
61	数字	40	調査	32	92	ボタン	30	認証	24
62	文書	40	保存	32	93	機関	30	販売	24
63	サーバ	40	レポート	31	94	作品	30	復号	24
64	ドメイン	39	印刷	31	95	特徴	29	デザイン	23
65	商品	39	受信	31	96	フォント	29	関係	23
66	相手	38	制御	31					

	名詞	回	サ変名詞	回
97	映像	29	登録	23
98	テーマ	28	位置	22
99	使い方	28	区別	22
100	複数	28	作業	22
101	無線	27	参照	22
102	インター	27	組織	22
103	ディスプレイ	27	開示	21
104	パターン	27	関連	21
105	ヘッダ	25	判断	21
106	ポスター	25	編集	21
107	記事	25	禁止	20
108	受け手	24	研究	20
109	信号	24	詐欺	20
110	衛星	24	実行	20
111	効率	24	集中	20
112	障害	24	譲渡	20
113	状況	23	転送	20

	名詞	回	サ変名詞	回
114	百科	23	発行	19
115	メニュー	23	発生	19
116	関数	23	発明	19
117	記号	23	リンク	18
118	言語	23	共有	18
119	電気	23	再生	18
120	媒体	22	識別	18
121	イラスト	22	出力	18
122	インタフェース	22	マーク	17
123	掲示板	22	許可	17
124	最初	22	実験	17
125	書籍	22	証明	17
126	責任	21	生活	17
127	本体	21	専用	17
128	郵便	21	投稿	17
129	タブ	21	補助	17
130	ハードウェア	21	流出	17

　以上の結果から，文部科学省検定教科書高等学校「情報」の頻出キーワードは情報，インターネット，通信，データ，コンピュータ等であり，用語の出現パターンより，「情報とメディア」「情報通信ネットワーク」「ディジタル情報の表現と活用」「情報モラル」の4領域の用語に分類された．この用語の分類は，高等学校の教科書に出てくる用語に限定し，頻出回数と用語の出現パターンによる機械的な分類である．情報的な見方・考え方を育てる視点や，情報リテラシーの育成の観点では，必ずしも頻出用語が重要用語とは限らない．そこで，次のステップとして，人による解釈も加えて，学習者が身につけるべき用語を精査していった過程を次節以降で紹介する．

5. テキストマイニングの限界

　テキストマイニングの手法の限界として，語句の出現頻度表示などの基礎的な分析だけでは，重要な語句を見落とす可能性がある．出現頻度が少ない単語であっても，重要な概念を示すこともある．さらに言葉の揺れや同義語処理に限界があり，メールを送信する意味で「書く」や「打つ」という表現が用いられるからといって類義語辞典に登録し処理をかけると，別の文脈では整合性がとれなくなることもある．そこで，テキストマイニングの手法を補うために，テキストマイニングの後に，ミシガン大学のノーマン・R・F・メイアー教授が提唱したデベロプメンタル・ディスカッション[7]による手法を用い，分類の再構築を行った．再構築には5名の研究者により6時間ほど時間をかけ討議を実施した．その後，オントロジーを構築する課程において調整を加え，情報リテラシーの新しい分類として，「情報通信技術」「情報システム」「問題解決」「情報分析」「情報モラル」「情報の歴史」「情報機器の操作」の7分類とした．現行の教科書を元にした分類と新しい分類の大まかな対応関係は図2-2に示した（加納ら，2014）[8]．

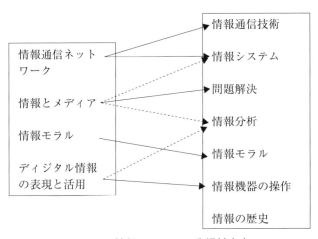

図2-2　情報リテラシー分類対応表

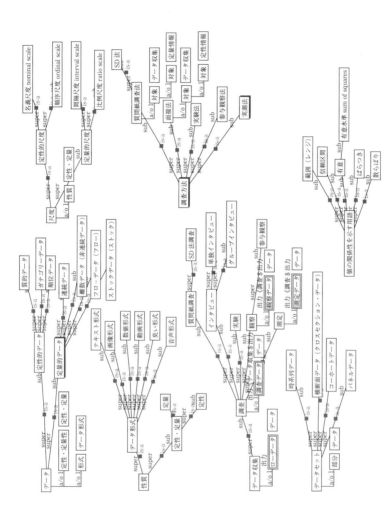

図2-3 情報リテラシー（情報分析分野）に関するオントロジー例①

第2章 「情報的な見方・考え方」を育てる情報教育　33

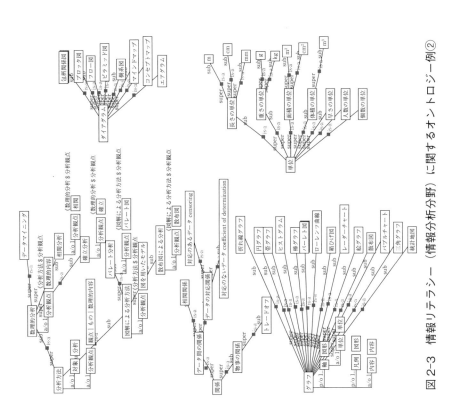

図2-3 情報リテラシー（情報分析分野）に関するオントロジー例②

情報通信機器使用の低年齢化を加味すると，高等学校1年間のみしか情報を学ぶ機会がないことは不十分であると考え，情報を小学校から高等学校まで12年間かけて学ぶことを想定し，現行の高等学校「情報」の学習指導要領で学ぶ1年間分の内容を12年間に引き延ばし，SNSの普及やビックデータ時代と呼ばれる状況を鑑み，新しい時代に必要であろうと思われる内容を追加した．実線は現在も教えられており，新しい分類に移行した内容で，点線は，現行ではほとんど扱われておらず，大部分が新規の内容が含まれる分野である．また，移行の線がない項目は，現行では扱われておらず，新しく追加した内容である．大部分が新規の内容を含む「情報分析」の分野のオントロジーの例は，図2-3に示した．詳細なオントロジーは「科学研究費助成事業基盤研究（B）研究成果中間報告書　研究期間：2013年4月1日〜2016年3月31日　国際比較に基づいた情報リテラシーに関するオントロジーの構築と目標の分類　研究課題番号：25282031，2015年（平成27年）3月」[9]を参照いただきたい．

6. 情報リテラシーのオントロジーの内容と指導例について

6.1　オントロジーとは

オントロジー（ontology）は存在論を意味する哲学の用語であるが，情報学の分野においては，Gruber（1993）[10]による「概念化の明示（An explicit specification of conceptualization）」や溝口（2005）[11]による「人間が対象世界をどのように見ているかという根源的な問題意識を持って物事をその成り立ちから解き明かし，それをコンピュータと人間が理解を共有できるように書き記したもの」という定義がなされている．オントロジーは，単なるデータ構造を規定するのではなく，その対象世界の本質的な性質を捉えて概念化することにより，領域横断的な知識の体系化を目指している[12]．

6.2　「情報分析」分野のオントロジー

様々なデータが新たなビジネスの創出や未来社会の構築に役立てられる時代となり，情報分析の重要性が増すことが指摘されている（西垣他，2014）．

旧来の情報分析は，表計算ソフトの上に並んだデータを統計的に解析することのみを指していたが，SNS等の普及により，膨大なデータが創出される時代となり，情報収集の手法や新しい情報分析の方法を身につける必要性が増している．そのためには，まずデータとは何か，データにはどのような性質があるのかを知り，データ収集の方法や調査方法，分析方法，情報の表現方法を学ぶ必要がある．

特に実社会に役立つ情報分析を学ぶためには，身の回りにあるデータを知り，それらを収集し，分析する実践を通して学ぶことによって「情報的な見方・む考え方」を身につけることができる．「情報的な見方・考え方」は一朝一夕で身につく力ではなく，経験と知識を融合させつつ長い年月をかけて学ぶことによって培われる力である．タッチタイピングなどの技能は，短期間の集中的な訓練によって，容易に身につくが，新しく学んだ言葉が「身体的な知」に熟成されるためには，技能訓練ではなく，試行錯誤や実験，思考するプロセスが大切である．

例えば，データとは何かを知る学習として，小学校低学年であれば，デジタルカメラを持って，グランドや公園に出かけ，植物や生き物のデータ収集を行い，色や形，性質などによって，画像データを分類し分析する活動などが考えられる．学術的に正しい分類を目指す必要はない．収集した画像データの特徴を考え，自分なりの考えを持ち，自分なりの法則により分類するプロセスが重要なのである．データの種類の一部を知る学習を，小学校中学年での実施を想定した簡易な指導例を以下に示す．詳細な指導例は8章に示した．

フローデータとストックデータの違いを学ぶ場面を取り上げる．想定する学校段階としては小学校中学年程度で45分間の授業を想定する．学習目標は「フローデータとストックデータの違いを説明することができる」ことである．言葉の名前を覚えることよりも，2つのデータの概念の違いを知ることが重要であるため，仮説検証型の実験を中心に指導案を組み立てた（表2-3）．

表2-3　フローデータとストックデータの違いを学ぶ指導案例

流れ	学習内容
導入 10分	メモリ付きの桶を2種類用意する． 　桶A）通常の桶 　桶B）小さな穴の空いた桶 発問：それぞれの桶に水を入れるとどうなるだろう？
展開 ［予測］ 10分	班ごとに，1分後，2分後，3分後……を予測する．
［実験］ 10分	班ごとに，水道の所へ行き，実際にメモリを見て測ってみる．
まとめ 10分	測定結果を発表する． ○同様のことは，水だけでなく，様々なデータについて当てはまり，それぞれ名前が付けられていることを知る． ○各自ノートにわかったことをまとめる． （ノート例） フローデータ（フロー）[13] 　一定期間に流れた変化量などを表すデータです． 例）桶に流れる水の量から，桶から出ていく水の量を引いたもの（一分間に○リットル） ストックデータ（ストック） 　ある時点において蓄積している量などを表すデータです． 例）桶にたまっている水の量（午後1時の時点で△△リットル）
5分	自己評価シートに記入

6.3　その他6領域のオントロジー

① 「情報機器の操作」分野のオントロジー

　情報化社会において，写真を撮ったり，録画・録音したり，様々な場面において，臆することなく，ICTを活用していく力を育成するために必要と考える情報機器の操作分野に関するオントロジーを図4・5に示した．操作訓練に終わらせず，他分野の情報を学ぶプロセスの中で，活用の仕方と概念の理解とともに学ぶことが重要である[14]．

② 「情報システム」分野のオントロジー

「情報システム」は「ハードウェア」と「ソフトウェア」から構成される統合的なシステムを表す概念として定義され，その具体例として，様々な種類のデータベースシステム，カーナビゲーションシステム，電子商取引システム，POS システムなどが挙げられている．それらのうち，データベースシステムについては，システムが持つ機能や，システムの設計，管理，運用，保守といった情報システムを実際に利用するために必要な「行為」が定義されている．他の情報システムについても，同様な定義が必要とされる[15]．

③ 「問題解決」分野のオントロジー

遊園地に行ったときにどのような順序で回るか，仕事でミスをしたときにどのように対処すればよいかなど，遊びや生活，仕事の場面など，我々は日々問題解決を行いつつ生活を送っている．そのような問題解決の用語としては「内容」「表現」「選択」「順序」などのオントロジーから構成されており，情報分析分野とも密接に結びついている．

④ 「情報モラル」分野のオントロジー

情報モラルは，人とのコミュニケーションを円滑に行ったりサイバー犯罪を防ぐためには欠かせない内容である．「情報セキュリティ」「情報セキュリティの性質」「方法」「情報に対するリスク」「情報セキュリティの技術的対策」「情報に関する法律」「圧縮」「コミュニケーションツール」「一次情報」「DNS サーバ」「電子商取引」「匿名性」「文字コード」「ユーザインタフェース」「行動判断基準」「個人情報」「バリアフリー」「問題事例」等のオントロジーがあげられる[16]．

⑤ 「情報通信技術」分野のオントロジー

情報通信技術分野のオントロジーは，技術的な側面から関係性を学ぶ部分と，機能や目的に沿ってその構成要素や手法を学ぶ部分が存在する．我々は，その内容が大きく分けて5つの概念，「情報検索」「情報共有」「情報技術」「コミュニケーション」「ネットワークサービス」に分類した[17]．

⑥ 「情報の歴史」分野のオントロジー

情報の歴史分野のオントロジーについては，通信・コミュニケーション

に関連する用語の分類を行った．電気的な通信技術の登場が，情報の活用範囲を大きく変えたことを知ることができる．

　以上のように情報リテラシーの学習に必要とされる内容を整理・分類し，それらを諸概念としてオントロジーを構築した．小学校段階から高等学校段階までに学ぶ必要のあるオントロジーは大きく分けて「情報分析」「情報機器の操作」「情報システム」「問題解決」「情報モラル」「情報通信技術」「情報の歴史」に分けられた．今回構築したオントロジーによって，現在散逸している情報リテラシーの学習内容間の関係性を捉えることが可能となり，連続的な教育課程を構成するための一助となることが期待できる．もっとも，情報分野は日進月歩がめざましく，AIの分野の進展も大いに期待されている．オントロジーに含まれる内容は時代とともに変化する可能性があり，その変化に対応した改修を適宜行う必要があり，本節で示したオントロジーが普遍的なものとは考えていない．むしろ，時代とともに学ぶべき内容を常に精査しつつ情報教育のあり方を検討していく必要があると考えている．

7. 情報的な見方・考え方を育てるための情報教育のあり方
――ピアジェの発達理論とプログラミング教育

　情報的な見方・考え方を育てるための情報教育のあり方すべてを包括できるような理論はまだ構築されていないし，すべてを包括すること自体不可能と考える．なぜなら，AIや情報に関わる概念は多義に渡り，その概念を学ぶプロセスは，一つの発達段階理論だけでは説明がつかないからである．しかし，概念の一つ，あるいは特定の内容を学ぶプロセスは，過去の発達段階理論に基づいて教育方法を考案することができそうである．本節ではプログラミング教育に焦点を当てた．ピアジェ（Piaget, J.）の発達理論はよく知られているように，人間の認識の発生を系統発生と個体発生との両面から考察しており，発生的認識論（genetic epistemology）と呼ばれている．そして4つの発達段階が設定されている．この4つの発達段階がプログラミング教育の発達段階に適し

ている側面が大いにあるためここで紹介する．4つの段階とは，

　第1段階　感覚 — 運動期
　第2段階　前操作期
　第3段階　具体的操作期
　第4段階　形式的操作期

であり，そして，それぞれの発達段階では質の異なる思考様式がとられ，発達段階における以下の4つの重要な概念が提唱されている．

　・シェマ（スキーマ：schema）
　・同化と調節（assimilation／accommodation）
　・均衡化（equilibration）
　・操作（operation）

　まず，第1段階として，プログラミングをする前提となるシェマとしては，ロボットの頭をなでるとロボットがにっこり微笑むなど，制御する対象の存在を認識することが必要である．そして第2段階の前操作期として，「歌って」「天気を教えて」等，ロボットに話しかける（言葉による制御）を行うことにより，指示通りに答えてくれる対象があることへの認識である．人間に話すとおりに話しても期待するレスポンスはかえってこない．どうすれば期待するレスポンスが得られるのか，同化と調節を繰り返して新しいシェマを構築していく．

　小学校段階にあたる第3段階の具体的操作期では，水を異なる形の容器に移し替えるなど具体的な操作実験を通して，物質量の保存（8歳），重さの保存（9歳），体積保存（11歳）の概念を獲得することができる．この段階でのプログラミング教育は，プログラミングロボットなどを用い具体的な操作を通した学びが適している．ロボットをちょうどゴールで停止させるようにするためにはどのようにプログラムをしたら良いかなど，具体物を通した学びが適している．このようなトレーサー本で提案するプログラミングロボットは，具体的操作期におけるプログラミング教育に適した内容である．

　中学生以降の形式的操作期になると，抽象的な概念を操作することができるようになり，具体物を通さず思考することが容易にできるようになるため，複

数の命令を同時に制御したり，分岐構文なども理解できるようになるため，パソコン上でのプログラミングが適するようになる．

○具体的操作期におけるロボットを用いたプログラミング教育例
　指導目標：ロボットを用いたプログラミング教育の達成目標は，情報的な見方・考え方を育てること，すなわち，この教材では，ロボットに動作させたいことのプランを立て，それを遂行するための手続きと処理を考え，実行させ，その動きを自己評価する，Plan-Do-See のサイクルを行うことができるかどうかである．単に操作やスキルの習得に留まることなく，問題解決力や論理的思考力，創造性の育成へ発展させ，プログラミングを通して学んだ成果が，社会の中で活かされる知恵に転化することを目指す．

流れ	学習内容
導入 ［組立て］ 30分	組み立て式プログラミングロボットキットと工具を用意する． 設計図を見ながらロボットを組み立ててみよう ◎電源を入れると LED が転倒したら完成
展開 ［流れと構造の理解］ 15分	入力待機モード->入力モード ->実行待機モード->実行モードの「流れ」と，右折・前進・左折などの命令実行と，命令取り消しの「構造」を理解する．
［測定］ 15分	モーター付きギヤボックスによって制御されており，個体ごとに1回の命令での進み方が異なる．直進測定ゲージと右左折測定ゲージを用い測定する．
［創造］ 30分	暮らしや街の中であったらいいと思うロボットの役割を考える． ・荷物を配達するロボット， ・救護ロボット　等 模造紙に街の絵を描き，ロボットが，目的を達成する動きができるようプログラムをする．
まとめ 60分	創造した暮らしや街を発表し，ロボットと人の共生について話し合い，未来社会を予測する．

今後，各々の情報に関する様々な概念の認知・理解プロセスを分析していくことにより，それぞれの概念ごとに適した発達段階に応じた指導手法が見いだされていくことになるであろう．

注

1) 加納寛子，菱田隆彰，長谷川元洋，古崎晃司（2013），文部科学省検定教科書高等学校「情報」の用語分析，科学教育学会第37回年会論文集，pp.152-155.
2) http://kotobank.jp/word/
3) シャノン，クロード・E，ウィーバー，ワレン（2009），植松友彦（訳），通信の数学的理論，筑摩書房．
4) 文部科学省，高等学校学習指導要領，101-103.
http://www.mext.go.jp/a_menu/shotou/new-cs/youryou/kou/kou.pdf
5) 坂村健・越塚登・清水謙多郎・重定如彦・加納寛子他（2013），文部科学省検定済教科書高等学校「情報と社会」「情報の科学」，数研出版．
6) KH Coder: Copyright© 1989, 1991 Free Software Foundation, Inc.675 Mass Ave, Cambridge, MA02139, USA
7) Norman R. F. Maier, Hoffman, L. R.（1960）, Using trained "developmental" discussion leaders to improve further the quality of group decisions, Journal of Applied Psychology, 44（4），247-251.
8) 加納寛子，菱田隆彰，長谷川元洋，古崎晃司（2014），情報リテラシー（情報分析分野）に関するオントロジーの構築，科学教育学会第38回年会論文集，101-104.
9) http://pbdspace.kj.yamagata-u.ac.jp/ ILonto.pdf
https://informationliteracy2.wordpress.com/download/
10) T. R. Gruber（1993），A translation approach to portable ontologies, Knowledge Acquisi-tion, 5（2），pp.199-220.
11) 溝口理一郎（2005），オントロジー工学，オーム社．
12) 古崎晃司，加納寛子，菱田隆彰，長谷川元洋（2013）情報リテラシーオントロジー構築に向けた基礎的考察，日本科学教育学会第37回年会論文集，pp.158-161.
13) 総務省統計局，なるほど統計学園　http://www.stat.go.jp/naruhodo/
14) 加納寛子，長谷川元洋，古崎晃司，菱田隆彰（2014），情報リテラシー（情報機器の操作分野）に関するオントロジーの構築，日本科学教育学会年会論文集，Vol.38, pp.505-506.
15) 古崎晃司，加納寛子，菱田隆彰，長谷川元洋（2014），「問題解決」・「情報システム」分野の情報リテラシーオントロジーの構築，日本科学教育学会年会論文集，Vol.38, pp.105-108.

16) 長谷川元洋，加納寛子，菱田隆彰，古崎晃司（2014），「情報モラル」分野の情報リテラシーオントロジーの構築，日本科学教育学会年会論文集，Vol.38，pp.113-116.
17) 菱田隆彰，加納寛子，長谷川元洋，古崎晃司（2014），「情報通信」分野の情報リテラシーオントロジーの構築，日本科学教育学会年会論文集，Vol.38，pp.109-112.

第3章
なぜ独立した情報教育が必要なのか

1.「無知の知」を伝えることの難しさ

　国語（日本語リテラシー）は小学校1年生から高校3年生まで12年間学んでいる．日本語が話せるようになったから，文字が書けるようになったから十分だとは誰も思っていない．その理由は，ソクラテスの「無知の知」，すなわち，12年間学んでも，国語のテストで満点を取ることの難しさを知り，自分に不十分なところのあることを知っているからである．テストや評価は本来順位付けに使うものではなく，完璧だと思っていてもそうでない部分のあることへの気づきを促すためにある．国語の授業の中で発達段階に沿った教育と評価を受けることによって，日本語の読み書きの何処が得意で，何処が欠けているのかを知ることができるようになり，不十分な点のあることが自己評価できているため，日本語が話せるようになった後にも国語の時間が設定されていても，不要とは思わないのである．
　しかしながら，まだ100年程昔の時代に，我が国の民衆の多くは，国語教育が必要だという認識を持っていなかった．学校に通うこと自体が必要だという認識がなかったのである．なぜなら，普段の生活の中で日本語は話せるようになり，1年程度学校へ通えば，十分すぎる読み書きが学べると考えられていた．農家の家であれば，当然子どもたちも農家を継ぐものと考えられていたため，農家の跡継ぎになるために，商人のような算術も不要と考えられていた．

そのため，文部省が明治5年の学制に示された初等教育についての基本方針に基づいて急速に小学校の設置に着手した甲斐もなく，学齢児童の就学率は半数にも満たなかった（表3-1）[1]．政府は学制を発布する趣旨を宣言した太政官布告すなわち学制序文（被仰出書）において，就学の重要性を強調し，府県においても就学告諭などによって就学督励の政策を実施したものの，明治初期にあっては就学率はきわめて低い．学制発布の翌年（六年）において男女平均28.1％にすぎず，その後も長期に渡って女子の小学校就学率は2〜3割に留まった．明治維新が起き文明開化など社会変動があっても，女子に読み書きそろばんは不要と考える家庭が多く，むしろ女子が読み書きを学ぶことは有害だとさえ考えられていたのである．その後，ようやく明治30年になって，はじめて女子の小学校進学率は5割を超えた．

表3-1　学齢児童の就学率（明治6年〜18年）

年次	男 %	女 %	平均 %	年次	男 %	女 %	平均 %
明治6	39.9	15.1	28.1	明治13	58.7	21.9	41.1
7	46.2	17.2	32.3	14	62.8	26.8	45.5
8	50.8	18.7	35.4	15	67.0	33.0	50.7
9	54.2	21.0	38.3	16	69.3	35.5	53.1
10	56.0	22.5	39.9	17	69.3	35.3	52.9
11	57.6	23.5	41.3	18	65.8	32.1	49.6
12	58.2	22.6	41.2				

しかし，学制期の小学校は，下等小学は6歳から9歳まで，上等小学は10歳から13歳までに分かれており，上記の就学率は，大半が下等小学にわずかでも通った児童の割合である．明治8年の学年ごとの人数構成は小学校1年生（第8級）に65％が所属し，小学校2年生（第7級）はわずか17％であり，上等小学校はわずか0.1％にすぎない．そして，明治12年9月29日太政官布告第四十号をもって公布された教育令「（二）公立小学校は八か年制を原則としたが，四か年まで短縮できるものとし，毎年四か月以上授業すべきものとした」とあるように，最小4ヶ月学校へ通えば1年通ったとしてよいこととなっ

ている．田植えの時期や収穫の時期など，家業が忙しい時期は当然，学校は休みだったと伝え聞いている．つまり表3-1の就学率は，小学校に4ヶ月以上通ったことがある児童の割合に過ぎないのである．ひらがながなんとか書けるようになり，自分の名前や住所が漢字で書けるようになれば，それ以上のことを学ぶ必要性が全く理解されなかったのである．

　学制発布当時の下等小学では綴字・習字・単語・会話・読本・修身・書牘（とく）・文法・算術・養生法・地学大意・窮理学大意・体術・唱歌の14教科であり，上等小学はこのほかさらに史学大意・幾何学大意（けい）・罫画大意・博物学大意・化学大意・生理学大意等が教えられていた．表3-2に示す「下等小学教則」[2]に示されているように，かろうじて半数程度の子どもたちが通った小学校1年生（第8級）で学んだことは，50音や濁音，単語，算用数字，足し算に留まっている．作文の時間は4年生（第5級）からようやく始まるが，上述の学年構成から推察すると，上等小学校に上がる前年にあたる小学校4年生に通った児童は国民の1%にも満たなかったであろうと推察する．

　我々は読み書きと言えば，文章を読むこと書くことを連想するが，文章の書き方（作文）を小学校で学んだ国民は100人に1人程度であり，国民の大半は，作文を学ぶずっと手前の小学校1年生の段階で学ぶことをやめてしまっている．

　おそらく日本語の会話ができ，ひらがなを書くことができれば，作文を学ばなくても必要な要件は文字で伝えることができると考えたのだろう．学ぶ必要性を認識しない国民に小学校へ通わせることがいかに大変なことだったのか「学制百年史」は物語る．

　日本語の会話ができ，50音や単語を書くことができれば，作文を学ばなくても，要件は文字で十分伝えることができ，それ以上学ぶ必要性を理解し得なかった明治初期の時代の人々の状況が，現代の情報リテラシーに対する現代の多くの人々の意識に，とても似通った状況に映る．

　多くの人は，パソコンで文字が入力でき，必要に応じて書式を整えたり，表を作成したりグラフを作成したり，プレゼンテーションができれば，情報リテラシー等学ぶ必要がないと考えているのではないだろうか．はたまた，書式を

表3-2　下等小学教則（明治6年5月）

教科／級	読物	算術	習字	書取	作文	問答	復読	諸科復習	体操
第一級	万国地誌略 巻三 万国史略 巻一・二	容易キ分数（小学算術書）	草書（手紙ノ文）		容易キ手紙ノ文	万国地誌略 万国史略 博物図		既習教材の総復習	同
第二級	日本史略 巻二 万国地誌略 巻二 地図	四術合法（小学算術書）	草書（手紙ノ文）		容易キ手紙ノ文	日本史略 万国地誌略 暗射地図			同
第三級	日本史略 巻一 万国地誌略 巻一 地図	除法（小学算術書）	草書		前級ニ同ジ	日本地誌略 日本史略			同
第四級	小学読本 巻五 日本地誌略 巻二 地図	乗法（小学算術書）	行書		前級ニ同ジ	前級ニ同ジ			同
第五級	小学読本 巻四 日本地誌略 巻一 地図	減法（小学算術書）	習字本（楷書）		単語中ノ一、二字又ハ一句ヲ題トス	日本地誌略 地球儀			同
第六級	小学読本 巻三 地理初歩 地球儀	加法（小学算術書）	習字本（楷書）	小学読本中ノ句		形体線度図 地理初歩 地球儀			同
第七級	小学読本 巻一・二	乗算九々 羅馬数字	習字本（楷書）	単語		人体ノ部分図 通常物色ノ図			同
第八級	五十音図 濁音図 連語図 単語図 小学読本 巻一・二	数字 算用数字図 加算九々	習字本（仮名）	単五十音語		（質・用キ方）諸物ノ性単語図			体操図

整えたり，表を作成したりグラフを作成したり，プレゼンテーションの仕方を学ぶことが情報リテラシーと誤解している人々もいる．

「会話ができ50音や単語を書くことと作文の違い」を，明治初期の多くの人々に伝えることが難しかったように，「パソコン操作と情報リテラシーの違い」を現代の多くの人々に伝えることの難しさの壁を，日本の情報教育がどう乗り越えるかが，AI時代の国民の教養を大きく左右し，我が国の発展か衰退化の鍵も握るであろう．

2. 各教科の中でプログラミング教育を実施することの問題点

時折「ICT活用やプログラミング教育の重要性はわかった．しかし，独立させず，様々な教科の中で活用すればよいのではないか」という意見を聞くことがある．実際，「小学校段階におけるプログラミング教育の在り方について（議論の取りまとめ）」[3]において，「各小学校においては，各学校における子供の姿や学校教育目標，環境整備や指導体制の実情等に応じて，教育課程全体を見渡し，プログラミング教育を行う単元を位置付けていく学年や教科等を決め，地域等との連携体制を整えながら指導内容を計画・実施していくことが求められる」と述べられている．つまり，各学校の判断で，これまでの既存の教科の中で実施すればよいという方向性を示すものである．

各学校の判断に委ねるということは，各学校の判断で「実施しない」という選択肢も認めることになる．しかしそれは，「義務教育は，国民が共通に身に付けるべき公教育の基礎的部分を，だれもが等しく享受し得るように制度的に保障するものである」[4]という義務教育の理念に反することになる．各学校の意識の違いによって，プログラミング教育を学ぶ機会が剥奪される児童を容認することになるからである．

また，「小学校におけるプログラミング教育が目指す，身近な生活の中での気付きを促したり，…中略…教育課程全体を見渡した中で，プログラミング教育を行う単元を各学校が適切に位置付け，実施していくことが効果的であると考えられる」[3]という部分にも全く賛同できない．

例えば，小学校算数の5年生に「多角形の性質」という単元がある．そこで学ぶべき達成目標に，下記のような3点が挙げられる．
① 多角形の内角の和 = 180 × (N − 2)
② 多角形の外角の和 = 360 度
③ 対角線の本数 = (N − 3) × N ÷ 2

多角形の内角の和が 180 × (N − 2) になることは，下記のような表をつくったり図を描いて学んでいく．

辺の数	3	4	5	…	n
形	三角形	四角形	五角形	…	n角形
内角の和	180°	360°	540°	…	(n−2) × 180°

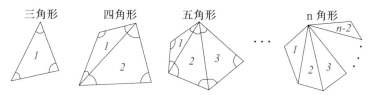

コンピュータを用いてプログラミングによって角数を順次増やしていくシミュレーションを行う学習が想定できる．そのこと自体は有意義な学習活動である．しかしながら各教科の中でプログラミングを行うことには賛同しかねるのである．

なぜなら，Aさんは多角形の性質については大変よく理解できているが，プログラミングによるシミュレーションには全く興味がなくプログラミングによるシミュレーションは全く理解せずに学習を終えた．一方Bさんは，プログラミングによるシミュレーションには高い関心を持ち，進んで自らプログラムを組み，シミュレーションを行うことができ，コンピュータ上では多角形の性質の一般化を行うことができたが，多角形の性質に関するペーパー試験は全く振るわなかったとする．

この場合，算数の授業の中でプログラミングを実施したとしても，達成目標に照らした評価は，多角形の性質を理解できているかどうかという観点であ

る．プログラミングは全く理解しなかったが，多角形の性質に関するペーパーテストで 100 点を取った A さんは 5 段階評価の成績で 5 がついたとする．一方プログラミングにより多角形シミュレーションは大変よく理解していたが，多角形の性質を評価するペーパーテストで 20 点だった B さんは 2 の評定がつけられたとする．このような経験が積み重なっていくと，A さんはプログラミングなど理解しようとしなくても，教科の達成目標さえ達成できればいいと考えるようになる（間違ってはいない）．B さんは，意欲的にプログラミングに取り組んだが，低い評価しかつけられず，同様のことが 20 回 30 回と積み重なる内に，教科の学習はもとより，がんばっても評価して貰えないプログラミングにも興味を失い，学習意欲そのものの低下につながりかねない．

　望ましい評価のあり方は，A さんについては多角形の性質については高い評価，プログラミングについては低い評価が与えられ，B さんについては多角形の性質については低い評価，プログラミングについては高い評価が与えることである．そうすれば，両者とも学習意欲そのものは低下させることなく，苦手な部分を克服しようと努力するのであろう．

　そのためには，情報教育そのものを独立した教科とし，プログラミングの単元と多角形の性質の単元を合科的な学習指導によって行えば良いのである．学習活動としては多角形の性質を学ぶためにプログラミングを用いる訳だが，評価は「情報」「算数」それぞれの教科として実施することにより，何がどこまで到達できたのかを明確にすることができる．

　本来学校の教科教育は，達成目標を達成するために，様々な工夫がなされてきている．そこへ無理にプログラミング教育等を導入することにより，他教科の目標到達度が下がるなどが起きては本末転倒である．さらに，同報告書 20 によれば，「中学校技術・家庭科技術分野の『情報に関する技術』において，計測・制御に関するプログラミングだけではなく，コンテンツに関するプログラミングを指導内容に盛り込むことによって，プログラミングに関する内容を倍増させること，高等学校情報科に共通必履修科目を新設し，全ての高校生がプログラミングを問題解決に活用することを学べるようにすることが検討されている」とのことだ．中学校や高校での情報教育が重厚化されたときに，小学

校時代の学校の方針の違いや担任教師の意識や温度差の違いによって，ほとんどプログラミング教育やICT活用や情報モラル教育などの情報教育を受けないで中学校，高校へ進んだ子どもは，十分な学ぶ機会が与えられた学校の子どもよりも，スタート地点で遅れることになる．

等しくすべての子どもたちに一定の学力を身につけさせるためには，情報教育を教科として独立させ，発達段階に合わせた到達目標を明確にし，到達できているかどうかきめ細かな評価を行うことによって，AI時代に必要不可欠な情報教育に関する基礎学力の充実を図ることが望まれる．

また，同報告書[3]の冒頭に述べられている懸念「小学校段階におけるプログラミング教育については，学校と民間が連携した意欲的な取組が広がりつつある一方で，コーディング（プログラミング言語を用いた記述方法）を覚えることがプログラミング教育の目的であるとの誤解が広がりつつあるのではないかとの指摘もある．"小さいうちにコーディングを覚えさせないと子どもが将来苦労するのではないか"といった保護者の心理からの過熱ぶりや，反対に"コーディングは時代によって変わるから，プログラミング教育に時間をかけることは全くの無駄ではないか"といった反応も，こうした誤解に基づくものではないかと考えられる．」は，全く同感であり，プログラミング教育というとコーディングができるようになることだと誤解をしている人々がいることは，プログラミング教育そのものの認識・理解の普及が教師を含めすべての人に対して必要なのではないかと考える次第である．また，下記の同報告書による理念も非常に共感するところであり，しくみを知ることや将来の学びにつながる潜在的な素地として有益であるとしている点には全く異論はない．

コンピュータと人間の関係に関する展望と，時代を超えて求められる力

○我々は現在でも，自動販売機やロボット掃除機など，身近な生活の中で意識せずとも，様々なものに内蔵されたコンピュータとプログラミングの働きの恩恵を受けている．このような人間とコンピュータとの関係は，人工知能の急速な進化等に伴い，今後ますます身近なものとなってくると考えられる．

○そうした生活の在り方を考えれば，子どもたちが，便利さの裏側でどのような仕組みが機能しているのかについて思いを巡らせ，便利な機械が「魔法の箱」ではなく，プログラミングを通じて人間の意図した処理を行わせることができるものであり，人間の叡智が生み出したものであることを理解できるようにすることは，時代の要請として受け止めていく必要がある．

○学校教育，特に義務教育段階は，子どもたちが将来どのような職業に就くとしても普遍的に求められる資質・能力を育んでいくことが求められる．社会の変化を踏まえた時代の要請を，教育がどのように受け止めていくかを議論する際には，目の前の変化に柔軟に対応しつつ，長期的な視野も持ちながら，子どもたちに時代を超えて普遍的に求められる資質・能力とは何かを見極めていくことが重要である．

○特定の技術や個別のプログラミング言語については，時代の変化や技術革新の中で移り変わっていくことが予測される．ここ十～数十年の間において，プログラミング言語が果たす役割が大きく変わるわけではないが，将来的には，我々が日常的に用いる自然言語で論理的に書いたり話したりすることで，コンピュータに指示できるようになるのではないか，との予測もある．

注

1) 文部省（1981），学制百年史，帝国地方行政学会
   http://www.mext.go.jp/b_menu/hakusho/html/others/detail/1317590.htm
2) http://www.mext.go.jp/b_menu/hakusho/html/others/detail/1317589.htm
3) 文部科学省，初等中等教育局教育課程課教育課程企画室企画係，小学校段階における論理的思考力や創造性，問題解決能力等の育成とプログラミング教育に関する有識者会議，平成28年6月16日
   http://www.mext.go.jp/b_menu/shingi/chousa/shotou/122/attach/1372525.htm
4) http://www.mext.go.jp/b_menu/shingi/chukyo/chukyo0/toushin/05082301/003.htm

第4章
各国の情報教育の具体的な指導内容について

1. イギリスの情報教育[1)]

　現在「プログラミング教育」という名称で実施されているイギリスの情報教育は，1988年までさかのぼる．当時のイギリスには，日本の学習指導要領にあたるような国定カリキュラムはなかった．各学校が，独自のカリキュラムを定め，学校ごとのポリシーで指導していた．しかし，それでは共通の学力をすべての子どもたちが身につけることができない．そこで，1988年にはじめて国定カリキュラムが制定された．

　さて，イギリスでは1988年頃，ちょうどインターネットやパソコンが普及しはじめたこともあり，「ICT（Information Communication Technology）」という名称で，教科が新設され，キーステージ1[2)]（5歳児〜）から，情報教育を学ぶことになった．児童が教科ICTの中で学ぶ学習内容は，まずFinding things out，つまり，物事を見つけることである．人や本，データベースやCD-ROM，ビデオ，テレビなど様々なところから情報を収集し，様々な形式に情報を保存し，保存した情報を検索する方法について学ぶことを通して，必要な情報を見つける力を身につけていく．

　このほかにも多くの学習目標が記されているが，パソコンやケータイの操作方法を学ぶことは全く目標には掲げられていない．教科ICTでは，主に，どう情報を収集し，その情報を咀嚼し分析し，意思決定につなげていくかを，発達段階に応じて，5歳〜16歳までの12年間継続して学ぶことになっている．

イギリスの国定カリキュラムで学んだ第 1 期生，つまり，5 歳の時から 12 年間学校で ICT を学んだ世代はおよそ 30 歳を超した世代である．

また，キーステージ 1 より前の 0 歳〜5 歳までの年齢においても，政府によって原則として無償で提供されている幼児教育のカリキュラムとして，下記 6 項目の学ぶべき領域が明示されている[3]．幼児教育は義務教育ではないので，義務ではないが，無償で提供されている就学前教育のため，大半の子どもが教育を受けている．

① 人格・社会性・情緒の発達
② コミュニケーション・言語・読む書く話す聴く能力
③ 問題解決・推論・数的処理
④ 周りの世界の知識と理解
⑤ 身体の発達
⑥ 想像力の発達

これら 6 項目の中にさらに細目が明示されており，「周りの世界の知識と理解」の内容として，情報（ICT），発見と探求，デザインと工作，時間，場所，社会が，学ぶ項目となっている．すなわち，5 歳未満の子どもたちにも，情報（ICT）を学ぶべき項目の一つとして掲げ，子どもが情報（ICT）機器を使うことを積極的に推奨しようというイギリスの姿勢は，これまでの日本のあり方とは大きく異なる．これまでの日本では，幼児や小学生にはパソコンやインターネットはまだ早い，早期に与える必要はないと，情報を教えるどころかインターネットを子どもに禁止したり，遠ざけようとする教師や保護者がいたからである．

確かに，未熟な状態でインターネットを利用することにはリスクをともなう．しかし，情報リテラシーは情報を読み解く力であり，未知の情報に出会ったときに，それを瞬時に判断し適切に取り扱う能力は，一朝一夕で身につく能力ではない．国語を小中高 12 年学んでも十分と言えないように，情報リテラシーも 12 年学んでも十分とは言えない．手足のごとく自由自在に情報を操るためには，身体的に情報感覚を身につける必要があり，小さいときから少しず

つ積み上げていく地道な方法以外には存在しない．

さて，イギリスの子どもたちが，具体的にどんなことを学んでいるかを知るために，筆者は2012年4月～7月までイギリスに滞在し，いくつかの学校を訪問した．訪問して驚いたことの一つは，すべての授業でICTが使われていたことだ．写真4-1は体育館だが，体育館で授業を行うときも，パソコンとプロジェクターを利用して授業を行うことが通常の風景であった．

また，訪問した小学校の一つDean Oaks小学校では，8～9歳のクラスで

写真4-1 ICTを使った体育の授業

写真4-2 DTPソフトウェアでパンフレット制作中の児童

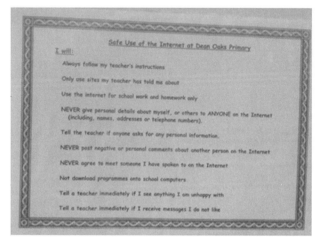
写真4-3 インターネット利用に関する約束事

DTP ソフトウェア（チラシや挨拶状など特殊形状の用紙に，デザイン重視の文書作成をするためのソフトウェア）を使った三つ折り式のパンフレットの作成を行っていた（写真 4-2）．パンフレットの内容は，ギリシャの歴史に関するもので，インターネットを利用しギリシャの歴史について情報を収集し，イラストと文字の配列を考えて作成する．誰が見ても不快に感じる表現はしていないかどうかなど，作品をつくりながら情報モラルについても学んでいた．さらに教室には写真 4-3 に示すインターネット利用に関する約束事が貼られていた．内容は，自分の個人情報を他人に教えない，誰の個人情報であっても書いてはいけない，他人に対するネガティブなコメントは絶対に書いてはいけない，誰かと会う約束をしてはいけない，不快なものを見たり，嫌なメールを受け取ったら，すぐに先生に報告すること等の内容である．

　さらに，11 歳〜 18 歳の生徒が通う Wilmslow 中等学校では，11 歳からデータベースについて学んでいた．また，小中高一貫校である Cheadle Hulme School では，8 歳の子どもたちの歴史の授業ではパソコンを使い，12 歳の子どもたちの ICT の授業ではタブレット端末を使うなど，場面に応じて ICT 機器を使い分けていた．学習内容も多彩で，動画編集ソフトウェアを使った，コンピュータの歴史に関する動画作成を 5 週間，グラフィック作成ソフトウェアを使ったグラフィックを 3 週間，アニメーション作成ツールを使った 3D アニメーションを 4 週間，Web オーサリングツール（様々なデバイスに向けたサイトやアプリケーションをデザインしたり構築できるソフトウェアを使ったグラフィックを 3 週間，アニメーション作成ツールを使った 3D アニメーションを 4 週間，Web オーサリングツール（様々なデバイスに向けたサイトやアプリケーションをデザインしたり構築できるソフトウェア）を使った Web 制作を 5 週間など，多岐にわたる内容を学んでいた．

　しかし，上記で述べたような，多彩な能力を育むようなバラエティーに富んだ学習活動が展開されていた学校は一握りの学校に過ぎなかった．訪問先の情報教育に熱心な教師から伺った話では，あまり情報教育に熱心でない大多数の学校では，タイピングゲームを使ったタイピング練習をさせたり，パソコンスキル偏重（ワープロ・表計算・プレゼンテーションソフトウェアの使い方に多

くの時間を費やす）傾向が強いとのことだ．そのことを問題視していた情報教育の研究者らが，「ICT 教育」という教科名だと，ICT の使い方を教える教科だと勘違いしている現場の教師が多数いるために，名称を変更してはどうだろうかということになり，現在の「プログラミング教育」という名称になったそうである．

　このような経緯であるため，もとより，プログラミング教育において5歳児からコーディング（プログラミング言語の使用）を教えることを念頭に置いているわけではない．実際教科名が変わったからといって，日本の学習指導要領にあたる教えるべき事柄として規定されている内容は，ICT 教育という名称だった頃と大きく変わっていない．教科名だけ見て，イギリスの情報教育はICT 教育からプログラミング教育へ大きく変更されたとの見方は早計である．少なくとも「プログラミング教育」という名称になる前から，キーステージ1の ICT 教育では，必ずロボットプログラミングの授業が行われていた．長年に渡り行われてきて教育効果が高いと判断された内容が前面に出たとみるべきだろう．おそらく，ICT 教育という名称だった頃のロボットプログラミングが，今後はもっと重点的に継続されていくのだろう．もちろん，上級学年においてプログラミングの内容が追加された点は大きな変更と言えるのかも知れない．パソコンスキル偏重からの脱出が期待されているわけであるが，教科の名称が変わったからといって，軍隊式にがらりと授業内容が変わるようなお国柄ではない．じっくりと時間をかけて，少しずつ変わっていくのだろうと期待している．

　2014年から始まったイギリスのナショナルカリキュラムにおけるプログラミング教育の学習目標を以下に紹介する[4]．

　学習の目的
　質の高いコンピュータ教育を受けることで，コンピュテーショナル・シンキングとコンピュータによる創造性を活用する能力を養い，世の中を理解し，より良い世界を築くことに貢献する．コンピュータ教育は，数学，科学，デザインおよびテクノロジーと密接に関連するため，自然と人工システムに対する理

解を同時に深めることが可能である．コンピュータ教育の中心は情報科学であり，生徒は情報および計算の原理やデジタルシステムの動作方法，これらの知識をプログラミングにどのように利用するかについて学ぶ．この知識と理解を基に，情報技術を活用して複数のプログラムやシステム，さまざまなコンテンツを作成する能力を身につける．また，コンピュータ教育により，生徒は実用的なデジタル処理能力を確実に身につけ，情報通信技術を用いて自己表現し，自分のアイディアを形にできるようになる．これは，将来の職場でも通用し，デジタル世界で活躍できる水準のものである．

目標

コンピュータ教育のための英国ナショナルカリキュラムでは，すべての生徒が以下の項目を習得することを目指している．

・抽象化，論理，アルゴリズム，データ表現などの情報科学の基本原理および基礎概念の理解と応用
・コンピュータに関する問題の分析と，そのような問題を解決するためにコンピュータプログラム作成の実習を繰り返し実施
・新規の技術や特殊な技術などの情報技術を評価・応用し，分析的手法で問題の解決に利用
・情報通信技術に対し責任を持ち，有能で，信頼できる創造的なコンピュータユーザーになるよう教育

上記では原文を尊重し，「コンピュータ教育」という用語を用いたが，「コンピュータ教育の中心は情報科学であり，生徒は情報および計算の原理やデジタルシステムの動作方法，これらの知識をプログラミングにどのように利用するかについて学ぶ」と説明されているように，本書で述べている情報教育の概念とほぼ一致する．日本語のニュアンスとして，「コンピュータ教育」という用語を用いると，コンピュータの教育と誤解されがちで，情報科学が中心というニュアンスにはならないため，情報科学を学ぶことが中心の名称として本書では情報教育という用語を用いている．この違いはコンピュータという用語の概念の認識の違いにあると考えた．日本でももちろんコンピュータは広い

意味で用いられるが,「スタンフォード哲学事典」[5]の中に「The Philosophy of Computer Science」という概念がある．日本語に翻訳するとしたら「コンピュータサイエンスの哲学」と直訳するより,「情報科学哲学あるいは情報科学の哲学」の方が意味合いがしっくりくる．同様に,イギリスのナショナルカリキュラムにおける「コンピュータ教育」は本書で言うところの「情報教育」と同義であり,「コンピューテーショナル・シンキング」は,「情報的思考,情報的な見方考え方」と同義と見なしている．コンピュータによる創造性を活用する能力を養い,世の中を理解し,より良い世界を築くことに貢献することを,目標の冒頭に掲げることにより,パソコンスキル偏重やコーディングを教えることを目的とはしていないことを暗に示しているとも言える．

具体的な指導内容は下記の通りである．
〈キー・ステージ1〉
① 情報を収集したり保存することを学ぶ
　人や書籍,データベースやCD-ROM,ビデオやテレビなど様々なソースから情報を収集する．
② アイデアを発展させ,物事を実現させる方法を学ぶ
　アイデアを発展させるために,テキスト,表,画像,音声を使用する．また,物事を実現させる方法について,教材用床ロボット[6]に正しい順序で指示を行い動かすなどを通し,その方法を学ぶ．
③ 情報を表現し共有することを学ぶ
　テキストや画像,表や音声などを用い,様々な形で情報を提示したり,自分の考えを共有することを学ぶ．
④ 学習活動を振り返り,修正することを学ぶ
　アイデアを発展させるために何をしたのかを振り返り,実行した結果を発表し,次の活動へ生かせる知見を得ることを学ぶ．
⑤ 学びの広がり
　詩や絵や音のパターンなど,ある情報についての様々な表現のされ方について学び,床ロボットやソフトウェア,アドベンチャーゲームなど様々な

表4-1 キー・ステージ1における学習内容

		Year1（1年生）	Year2（2年生）
1. 情報を収集したり保存することを学ぶ		絵文字であるピクトグラム（Pictogram）で表された情報を使って，それが何を表しているのかを知る．ピクトグラムに関する簡単な質問に正しく答えることができるか否かにより，情報を正しく解釈できているかどうかが評価される．	先生が用意したWebサイトのリンクにアクセスしてリンクをたどったり，アドレスバーにWebアドレスをタイプしてサイトにアクセスしたり，「お気に入り」に登録することを学ぶ． さらに，与えられた質問の答え（テキストや画像音声，動画など）をWebブラウザで検索し，求めている答えでないと判断すればバックボタンで戻り，正しい答えを見つけることを学ぶ．
2. アイデアを発展させ，物事を実現させる方法を学ぶ	アイデアを発展させる	文書作成ソフトを用い，文字を入力したり，画像を貼り付けたり，描画ソフトを用いて描いたりすることを学ぶ．さらに，ICTツールを用いて話したり聞いたり，簡単な音を作ったりすることを学ぶ．	文書作成ソフトでテキストやイメージ画像を用いた印刷物を作成したり，プレゼンテーションソフトを使い，簡単なプレゼンを行うことを学ぶ．
	物事を実現させる	床を動くプログラム学習用教材ロボットに対し，前進する，右に曲がるなどの命令をプログラミングすることにより，プログラム通りに動かすことを学ぶ．	教材用ロボットに複雑な動きをするようプログラムを組み，動かすことを学ぶ．
3. 情報を表現し共有することを学ぶ		デジタルカメラやビデオを用い，写真を撮ったり動画を記録したりすることを学ぶ．	描画ソフトを用いて目的に合ったイラストを作成したり，ビデオカメラやデジタルカメラを用い目的に合った画像を撮影したりすることを学ぶ．
4. 学習活動を振り返り，修正することを学ぶ		授業で何を学んだのかを書いて提出させるなどの方法で，学んだことの振り返りを促す．	
5. 学びの広がり		IDとパスワードが必要な理由を学び，実際に学校のネットワークにログイン・ログアウトすることを学ぶ．	学校のネットワークの中で，コメントを友達とシェアしたり，オンラインコミュニケーションにおけるトラブルや情報モラルについて学ぶ．

ICTツールを使いこなしたり，学校の中や外で用いられているICTについて話し合うことにより，学びを拡張する．

それぞれに関して，先ほど紹介した小学校の一つDean Oaks小学校での実践例を，次の表で示す．クラス編成は複式学級になっているが，キー・ステージ1を2学年に分け，1年ごとに学習目標と学習内容が計画されていた．

〈キー・ステージ2〉

① 情報を収集したり保存することを学ぶ

必要な情報は何か，どのように情報を見つけるのかについて学ぶ．たとえば，本や新聞から情報を見つけ適切な情報を選択したり，情報を特性や目的，名前のスペルなどによって分類しデータベースを作成したりすることを学ぶ．

② アイデアを発展させ，物事を実現させる方法を学ぶ

テキストを再編成したり，必要に応じて表を用いたり，画像，音声などの情報を結集させアイデアを練ったりすることを学ぶ（DTPソフトウェアやマルチメディアプレゼンテーションソフトウェアなどを用いる）．シミュレーションソフトウェアや表計算ソフトを用い観察・調査・探求を行う．

③ 情報を表現し共有することを学ぶ

電子メールのやりとりをしたり，ポスターやアニメーション，音楽作品などを共有したり，インターネットに公開するときに，慎重にすべき事柄（情報モラル）について学ぶ．

④ 学習活動を振り返り，修正することを学ぶ

他の人がどのように学習を進めたのかを自分の方法と比較し，他者の学びを自分の学びに取り入れる．

⑤ 学びの広がり

インターネットやクラス調査により，実際のデータを収集し結果を比較するなどの学習や，世界の異なる地域の情報の比較などを通して，学びを拡張する．

Dean Oaks小学校では，キー・ステージ2に関しても3年生と4年生の2学年に分けて，1年ごとに学習目標と学習内容が計画されていた．

〈他教科とのクロスカリキュラムの例〉

　イギリスでは，複数の教科を合科として指導したり，横断的な指導をすることが多い．しかし，教科としてはそれぞれ独立しているため，多角形の性質についてプログラミングによるコンピュータシミュレーションを用いて学んだと

表4-2　キー・ステージ2における学習内容

	Year3（3年生）	Year4（4年生）
1) 情報を収集したり保存することを学ぶ	子どもたちそれぞれがテーマを決め，テーマに沿って調べた情報をデータベースにする学習をする．	分岐型のデータベース作成を行う．
2) アイデアを発展させ，物事を実現させる方法を学ぶ	ギリシャの歴史を学ぶクロスカリキュラムにより，DTPソフトウェアを用いたパンフレット作成を行う．文字変形ツールを用いたり，レイアウトデザイン，画像に効果を付けるなど，様々な工夫を凝らしたパンフレットを作成する．さらに，シミュレーションソフトウェアを用いて，いろいろなシミュレーションを試す．	アニメーションソフトウェアを用い，ストップモーションテクニック[7]などアニメーション効果を付けた作品を作成する．
3) 情報を表現し共有することを学ぶ	ブログなどへの書き込みに関して，誹謗中傷や肖像権侵害などをしてはいけないなど，インターネット上のルール・情報モラルについて学ぶ．	ラジオやテレビ番組など，実際のマスメディアを評価し，どんなことを公開するとよいのかを考え，インタビューを行い，自分たちの報道番組作りを行う．
4) 学習活動を振り返り，修正することを学ぶ	相互評価（peer assessment）と自己評価を通し，学習活動を振り返り，他者の学びも取り入れる．	Year3の内容に加え，相手を評価する際，礼儀正しいフィードバックを返すことにより，互いに高めあって学習を進める．
5) 学びの広がり	ブログやWiki，クイズサイトやビデオ公開サイトなどを経験し始める．	

しても，多角形の性質については数学（算数）の内容として評価され，プログラミングについてはプログラミングとしてそれぞれ評価される．

　イギリスの小学校教育では，日本のように1学年ごとにクラス編成されるのではなく，2～3学年をひとまとまりにしたキー・ステージ（Key Stage）による複式学級型クラス編成がなされている．8歳でキー・ステージ2のクラスに入ると，翌年9歳になったときも，キー・ステージ2のクラスに所属するため，発達段階の異なる子どもが一つのクラスの中で一緒に学んでいる．そのような環境では，講義形式の一斉授業は成立しづらく，実際一斉授業は少ない．その代わり，一人あるいは複数名で課題に取り組む学習形態が多い．課される課題は，純粋な一つの教科に関わるものだけでなく，複数の教科の教育目標を達成するクロスカリキュラムに基づくものであることも少なくない．

　キー・ステージ2（8～11歳）の教科「歴史」では，古代から現代までの歴史上における重要な人物や出来事，それらが起きた場所などについて学ぶ．子どもたちが住んでいるローカルな歴史から，イギリスの歴史，ローマ人，アングロサクソン人，バイキングとの和解の歴史，ヨーロッパの歴史などについて幅広く網羅されている．特にヨーロッパの歴史においては，古代ギリシャ文明の影響を受けて，今日のヨーロッパ世界の暮らしが成立したことを学ぶことになっている．さらに，クロスカリキュラムでの指導指針もナショナルカリキュラムに示されている．日本でもクロスカリキュラムによる授業が実施されることがあるが，学習指導要領にはクロスカリキュラムでの指導指針は示されておらず，日本とは位置づけが異なる．

　歴史とのクロスカリキュラムでは，以下の目標を達成できるように教えるべきであるとして明示されている．

① どのような情報が必要なのか，また，どのように情報を入手できるのか（たとえば，インターネットやCD-ROMを検索したり印刷物を使ったり，人に聞くなど）について述べられる．

② 情報を解釈し，それが適切かつ妥当であるかを判断し，間違いや不十分な点があった場合に起こりうることが想定できる．

③ テキストや表，画像，音などを集めて，DTPソフトウェアやマルチメ

ディア・プレゼンテーションソフトなどで再編したり，組織化することにより，アイデアを洗練させ発展させられる．
④　ナショナルカリキュラムの「歴史」分野に示されているクロスカリキュラムによる情報リテラシーの学習内容が，前回少し紹介した小学校の一つ Dean Oaks 小学校の三つ折り式のパンフレット作成の事例である．

　上記の①に該当する学習内容としては，ギリシャの歴史に関する書籍や雑誌，インターネット上の情報を収集していた．②に該当する内容としては，インターネットで調べた情報が，書籍などの情報と一致しているのか，複数の媒体をクロスチェックすることを学んでいた．③に該当する内容としては，書籍に書かれている内容を表などにまとめたり，古代ギリシャの挿絵を参考にしながら，画像ソフトでオリジナルなギリシャ世界を描いたりしていた．

　Dean Oaks 小学校のクロスカリキュラムによる授業見学を参考に，クロス

表 4-3　クロスカリキュラムによる情報と歴史の学習内容と達成目標

学習の流れ	情報の学習内容と達成目標	歴史の学習内容と達成目標
基礎基本を押さえる	描画ソフト等の扱いについて学ぶ．目標：パンフレット作成に必要なソフトウェアが使えるようになる．	自分の住んでいる地域の歴史について学ぶ．目標：自分の住んでいる地域の歴史を理解する．
探求する	情報の収集　目標：著作権や引用方法などについて学び，利用できる情報を知った上で，自分が紹介したい内容に沿った情報を収集する．	自分の住んでいる地域の歴史について自分が紹介したい内容を考える．目標：自分の住んでいる地域の歴史の特徴を知る．
つくる	自分の住んでいる地域の歴史を紹介するパンフレットを製作する．目標：伝えたいことを伝える表現技法を学ぶ．	
振り返る	自己評価と相互評価を行い，他者の表現方法のよいところなどを学び，自分の作品を修正する．また，他者の作品から，自分では注目しなかった，自分の住んでいる地域の歴史の特徴に気がつく．	

※本表は，Dean Oaks 小学校で見学した事例を参考に，筆者が日本の小学校用に作り替えたものである．

カリキュラムによる歴史と情報の学習内容と達成目標案を表4-3に示す．日本の小学校には，まだ独立した教科として「情報」は取り扱われていないが，小学校学習指導要領（平成20年3月，文部科学省）によれば，「各教科等の指導に当たっては，児童がコンピュータや情報通信ネットワークなどの情報手段に慣れ親しみ，コンピュータで文字を入力するなどの基本的な操作や情報モラルを身に付け，適切に活用できるようにするための学習活動を充実するとともに，これらの情報手段に加え視聴覚教材や教育機器などの教材・教具の適切な活用を図ること（p.4).」とされている．この項目が追加されて以降，日本の小学校でも，様々な教科の中でコンピュータや情報通信ネットワークなどの情報手段を活用した授業が少しずつ増えてきている．クロスカリキュラム型の授業であれば，日本の小学校でもすぐに始められるだろう．

　これからの子どもたちが生きていく時代は，情報通信機器やAIが埋め込まれた様々なものやシステムを身体の一部であるかのように使いこなせることがあたりまえのことになっていくであろう．手をどう動かすのか，足をどう動かすのか，教えられて動かす人は少ない．足を伸ばしてみたり手のひらを開いてみたり，自由自在に動かしてみて，自分の都合のよいように利用する．情報通信機器やAIが身体の一部であるかのような存在になる時代に生きる子どもたちは，身体的感覚を身につける必要がある．つまり教わったことを教わったとおりにできるようになることでなく，手足のごとく自由自在に状況に合わせて情報通信機器やAIやロボットを動かす必要がある．すなわち，これからの時代に必要な情報教育は，スキルやコーディングではなく，情報的な見方・考え方，情報的な身体の感覚を身につけ磨くことが重要となってくるであろう．

　さて，5歳から情報教育が開始されて30年以上の歳月が経つイギリスでは，多種多様なユニークな教材が開発されている．そのいくつかを紹介する．
　日本でも小学校低学年から使えそうな教材が多数ある．中には手作りできそうな教材もある．

① インターネット・コミュニケーションをロールプレイング形式で学ぶ教材

　ブログやSNS，Line，ゲームチャットなど，子どもたちがインターネットを介したコミュニケーションを行うツールが増え，それらを介したネットいじめや，諍いが時々起きる．普通に発言をしたつもりが，相手を傷つけてしまうこともある．Feel Think Say Card Set^(こちらに1)は，そうならないためにネットコミュニケーションのロールプレイをシミュレーションできる教材である．吹き出し型のボードがセットになって入っている．例えば，誹謗中傷がネット上に書き込まれたときの気持ちを，被害者，傍観者の立場でボードに書いてみんなに見せ，その発言に対してディスカッションをするなどの使い方がなされる．

② ブログやメールで起きる危険を体験的に学べるシミュレーションソフト

　Wiki，ブログ，SNS，Webメールやポッドキャスティングなどの技術を使用することによるリスクを，頭でわかっていても，実際の場面では判断ができない子や，インターネットは危険と過度に恐怖心を抱いて，初めからほとんど利用しようとしない子どももいる．実際のツールを使って危険にあってしまってからでは遅い．Broadband Detectives Software[8]は，インターネット上の危険をシミュレーションしながら安全に学べるソフトウェアである．また，Email Detectives Software[9]は，メールでのやりとりをシミュレーション形式で学べるソフトウェアである．

③ プログラミングを学ぶロボット

　パソコンで簡単なプログラムを組み，それに併せて動くプログラミングタイプのロボットが，多数開発されている．その一つが，Moway Robot[10]である．自分でレースコースを描き，その上を走るようにパソコンを用いてミニカーに記憶させると，その通りに走るロボットである．Pro-Bot[11]は複数台の車をプログラミングによって制御し，コントロールすることができる．Bee-Bot Floor Robot[12]は，蜂の形をしたプログラミングロボットで，iPadでその動きを閲覧したりコントロールすることもできる．

④　情報リテラシーの授業向けワークシート

　情報リテラシーを指導する立場の教師は，自分自身が子どもの頃には，その教科がなかった世代も多く，指導法や教材も定着していない．それを補うため，授業で使うワークシートがネット上に公開され，誰でも自由にダウンロードできるサイトがある．ネット上でのルール（コンピュータ室での契約書）などについて書かれたパワーポイントも置かれている[13]．

　また，タブレット・スマホ指導のためのパワーポイント教材[14]が置かれているサイトもある．タブレット・スマホ指導の教材を見てみると，スマホはこんなに危険だ，こんな犯罪に巻き込まれるといった，危険を指摘する内容ではなく，ゲーム機で数式を表示した挿絵が表示され，数学にも利用できる，こんな利用方法もあると，適切な利用を提示するようになっている点が，おそらく日本の子ども向け教材と大きく異なるだろう．恐怖心をあおって，利用させない方向に持って行くよりも，適切な利用方法を提示し，トラブルに巻き込まれたり，不快な思いをすることなく，長く使い続けるための使い方を教えるべきだ．「teachers guardian 社」の教材は，まさに筆者が普段強調している趣旨と一致する教材で，危険があるからと使用を禁止するのではなく，ネットトラブルの対処方法や未然に回避する方法を学び，使いこなしていく趣旨の教材になっている．

⑤　クイズ形式で学ぶサイト

　イギリスには，高校卒業認定試験がある．これにパスをしないと大学を受験することすらできない．この認定試験にも情報の科目があり，認定試験向けの情報の学習サイト[15]もある．無料のクイズサイトとはいえ，コンピュータシステムの項目であっても，コンピュータの種類，入力デバイス，出力デバイス，アクセシビリティー，メモリ，ストレージデバイス，ストレージユニット，オペレーティングシステムのタスク，オペレーティングシステムの種類，ユーザーインターフェイスの10項目に分かれ，7種類～16種類のクイズが用意されている．コンピュータネットワーク，コミュニケーション（携帯電話などのコミュニケーションツールについて），データ・情報と知識（データ形式の種類などについて），法律（コンピュータの悪用や，著

作権などに関する法律について），ソフトウェア，表計算シート，データベース，健康と安全（情報機器の使用によって引き起こされる症状や危険について），ITシステムの保護（ハッカーやウイルスへの対策について），等々の大項目の下に，さらに小項目があり，それぞれ数種類のクイズが用意されている．例えば，通信手段に関するクイズの場合，第1問目は，「誰かに緊急を要するメッセージを使うときには，どの通信手段を使いますか？」という質問で，電話，手紙，チャットルーム，Faxなどが選択肢としてあげられている．また，出力デバイスに関する問題の場合は，各デバイスの説明と，デバイスに名前を関連づけるクイズになっており，誰でも楽しみながら学べる構成になっている．

　上記に紹介したイギリスの教材の多くは，企業や教師，ボランティアの人たちが自発的に作成した教材である．義務教育の正規のカリキュラムとして情報教育がなされてきたからこそ，これだけ多くの教材が開発されてきた．
　5歳から様々なシミュレーションでネット上のトラブルを学んでいる子どもたちは，ネットいじめが起きたときの対応も日本と異なる．日本ではネットいじめは問題とされつつも日常茶飯事のこととしてはあまり見られていない．しかし，イギリスではよくあることとして顔をしかめられるものの，あまり特別な対応はしていないようだ．ネットいじめは日常茶飯事の出来事として生起するものの，ネットいじめを受けたから即自殺するような子どもはほとんどいない．適度に耐性を備え，交わす力を身につけているのだろう．その背景として，初等教育段階から，ネット上でのコミュニケーションについてシミュレーションゲーム教材などを通して学んできたからこそ，ネットいじめなどに対しても自然に適切な対処法がなされてきたのであろう．
　情報教育はすぐに教育効果が出るものではない．数学のように明確な答えが即座に出されるものではないため，身についたリテラシーが活かされる場面は，クリアに数値で測ることはできない．少しずつ培った情報リテラ

シーの学習成果は，潜在的カリキュラムの要素が高く，一人一人の血や肉となり，何か起きたときの判断力や分析力などに転化されるものである．

人格形成が出来た年齢になってから情報を学ぶのでは，後付けの知識しか身に付かない．現時点では予測がつかないような新しい問題をITによって解決したり，今の社会には存在しない仕事にITを活用していく知恵は，イギリスの子どもたちのように5歳ぐらいから，読み書き計算と同時に情報教育を学びつつ身に付けていく必要がある．

2. 台湾の情報教育 [16]

台湾では，日本同様義務教育の期間が9年間であり，全国小中学校向けの新しいカリキュラムガイダンス（國民中小學九年一貫課程綱要）が2003年に頒布された．新しいカリキュラムは2011年度から施行された．2012年5月15日には，ガイダンスにおいて重大議題とされる6つの分野に修正案が加えられた．その分野とは「性別平等教育，環境教育，情報教育，人権教育，生涯発達教育，海洋教育」の6つである．その中の教科のひとつである『情報』（旧教科名『パソコン』）は，小学校3年生から中学校3年生まで，正式な課程として定められている．情報リテラシー教育で習得する基本能力と学習内容及び能力を測る指標の一覧は，表4-4に示した．

台湾において，表4-41の基本能力（5）に登場する情報モラル（Information Ethics）という言葉は1980年代から使用されるようになり，当初は，情報の信憑性，質と量，利用などの問題が中心に扱われていた．現在では，プライバシー（privacy），正確性（accuracy），所有権（property），使用権（accessibility）の問題も取り扱われるようになり，情報モラル教育の授業内容は，小学校5年から中学校3年までの5年間にわたり，『情報』の授業のカリキュラムに取り入れられている．台湾教育部が出版した教科書の中では，旧『パソコン』時代に比べて，インターネットの利用マナー，スパム防止，ネットいじめ防止，ネット交友の安全性，及びインターネット詐欺，依存症防止や

著作権等の問題の取り扱いが格段に増え，重点化されるようになった．

情報モラル教育に重点が置かれるようになった背景には，台湾ではネット検索と人の手による情報収集力により，事件を解明したり個人を特定する「人肉捜索」と呼ばれるサイトにより，プライバシーが侵害される問題があったことが一因としてあげられる．また，学校や職場へ提出されるレポートにおいて，引用するのではなく，ブログや新聞記事，論文などから丸ごとコピーして自分のレポートに貼り付ける論文剽窃の問題も多くあった．まだ，これらの問題の解決には至っていないが，小学校から情報モラル教育を受けた世代が成長して行くに従い，徐々に解決の糸口が見えてくるだろう．

表4-4　情報リテラシー教育の基本能力と学習内容及び能力を測る指標の一覧

基本能力	学習内容	能力を測る指標
(1) 情報テクノロジーのコンセプトへの認識	パソコンと生活	1-2-1 情報テクノロジーを日常生活に応用できる．
	パソコン利用に関する安全問題	1-2-2 パソコンを操作する際の姿勢や利用時間に気をつけることができる． 1-2-3 パソコンを正しく操作し，ハードウェアのメンテナンスができる． 1-2-4 ソフトウェアを定期的にアップデートし，メンテナンスができる． 1-2-5 データセキュリティが分かる．定期的にデータをバックアップできる． 1-3-1 パソコンの特性〔情報の統合や処理・表現などの目的を達するために使用する道具としての機能〕が分かる．
(2) 情報テクノロジーの利用	パソコン使用ルール	2-2-1 パソコン教室（公共パソコン）の利用ルールを守ることができる．
	OS	2-2-2 Windowsソフトを操作できる． 2-2-3 データストレージ設備を正しく使うことができる． 2-2-4 系統的にデータを管理できる．
	中国語と英語のタイピング	2-2-5 正確にキーボード操作ができる． 2-2-6 中国語と英語がスムーズにタイピングできる

		ハードウェア	2-3-1 パソコンのハードウェア部品を区別できる． 2-3-2 マルチメディア設備の操作と応用ができる．
		プログラミング	2-4-1 プログラミング言語の基本概念とその機能がわかる．
(3) データの処理と分析		ワープロ	3-2-1 文書作成ソフトで文章を作成，校正できる． 3-2-2 プリンタの操作ができる．
		グラフィックス	3-2-3 よく使うグラフィックスソフトを操作できる． 3-3-1 スキャナーやデジカメの操作ができる．
		プレゼンテーション	3-3-2 プレゼンテーションファイルが作れる，プレゼンができる．
		マルチメディア制作	3-3-3 マルチメディアソフトで映像，音楽データを製作できる．
		グラフィックスの制作	3-4-1 ソフトのツールで簡単なデータを分析できる． 3-4-2 ソフトのツールで図表を作ることができる．
		データベースの管理	3-4-3 データベースの基本コンセプトがわかる． 3-4-4 簡単なデータベースを作り，管理できる．
		問題解決と企画能力	3-4-5 問題に対して実行できる解決案を考える． 3-4-6 問題を解決できるプロセスを企画できる． 3-4-7 解決案の妥当性を判断できる． 3-4-8 パソコンで問題を解決できる範囲と制限を理解できる． 3-4-9 データの適用性と精度を判断できる．
(4) インターネットへの認識と応用		インターネットと通信	4-2-1 ブラウザの基本機能を操作できる． 4-3-1 インターネット上にある情報で問題を解決できる． 4-3-2 インターネットの基本概念と機能を理解できる． 4-3-3 ローカルインターネット（LAN）の利用ルールを守れる． 4-3-4 インターネットデータのセキュリティを理解できる．
		インターネットソースの応用	4-3-5 サーチエンジンで検索テクニックを学び，適切な情報をインターネット検索できる． 4-3-6 インターネットツールで学習に関する資料と感想をシェアすることができる．

第4章 各国の情報教育の具体的な指導内容について 71

(5) 情報テクノロジーと人間社会	情報モラル	5-2-1 インターネット利用のルールを守ることができる. 5-3-1 インターネットはバーチャルなものという認識を持てる. 5-3-2 情報モラルの理解と実践ができる. 5-4-1 フリーソフト[17]，シェアウェア[18]，ビジネスソフト[19] の区別をつけ，使い分けることができる.	
	情報に関する法律	5-3-3 インターネット，著作権に関する法律が分かる. 5-4-2 テクノロジーを利用する際に伴う責任を負うことができる. 5-4-3 著作権に関する法律を守ることができる. 5-4-4 インターネット犯罪のタイプが分かる.	
	正しくインターネットを使う	5-3-4 インターネット上の情報を正しく引用できる能力を養う. 5-3-5 インターネット上のソースを合理的に使える原則を理解できる. 5-4-5 情報，インターネットテクノロジーを応用し，協調と自主的学習の能力を養う.	
	インターネットテクノロジーを活用し，社会に関心を持つ	5-4-6 テクノロジーは人類全体の福祉のために使われるという正しい概念を理解し，情報テクノロジーを他人とマイノリティを助けるためのツールとして使うことができる.	

○初等教育における事例

(1) 問題解決と企画能力の例

表4-4の「(3) データの処理と分析」単元の項目のひとつとして「問題解決と企画能力」が挙げられている．そこで，1番目の事例としては，メディア報道の問題を認識し，メディア報道の問題に対して実行できる解決案を考え，問題を解決できるプロセスを企画し，発表するという事例を示す．

台湾には，明確に数字を出せないほどの数の「公共」メディアが存在する．特にテレビ局の数が多く，主な放送局は，華視（中華電視）／台視（台湾電視）／中視（中国電視）／民視（民間全民電視）／公視（公共電視）であるが，ケー

ブルテレビの人気が高く，日本で人気のあるテレビ番組はほとんどすべてカバーされている．チャンネル数は80〜90局あるといわれているが，正確な数は公表されていない．また，ラジオ局の数も，市民放送局レベルのものが膨大にあり，許可・未許可のラジオ局が乱立しており，いくつ存在するのか把握されていない．さらに，ラジオ局の局内をネット上でリアルタイム配信しており，バラエティー番組のような映像を意識した映像配信型のテレビのようなラジオ局もある．全国規模の新聞社は17社程度にとどまるが，コミュニティーレベルの新聞社も多数存在する．そのため，メディアの情報の信憑性を判断する力に対する関心が高い．情報を鵜呑みにしてはいけないと子どもに言葉で伝えても，十分には伝わらない．

そのため，グループ毎に，関心を持った事件について，複数のメディアの情報を比較し，信憑性が高いと判断した情報を再構成し，自分たちが発信者となるという授業が行われていた．その学習の様子を示したのが図4-1である．情報の表現方法も子どもたちの問題解決の企画次第である．いずれのグループも

図4-1　新聞の比較をする子どもの様子

プレゼンをすることは用件として求められているが，どのソフトウェアを使いどう表現するのかについては，子どもたちにゆだねられていた．模造紙にまとめて発表するグループもあれば，プレゼンテーションソフトを用い発表するグループ，動画作成ソフトを用いて発表するグループもあった．

(2)　マルチメディア制作の例

表4-1の「(3) データの処理と分析」単元の項目のひとつとして「マルチメディア制作」が挙げられている．単にお手本通りのマルチメディアを制作する授業でなく，考えながら学ばせる授業事例を本節では紹介する．

マルチメディア制作の授業例としては，グループ毎に，自分たちが報道者と

第4章　各国の情報教育の具体的な指導内容について　73

図 4-2　マルチメディア制作の例

なり，クリップビデオを作成する学習が行われることがある．単にマルチメディアソフトや機器の操作を学ぶのではなく，テーマを決め，それについてインタビューをしたり，写真やビデオを撮り，それらをうまく構成し，情報を表現することを通して，マルチメディア制作を学ぶのである．図 4-2 は，つくった作品の発表会の様子である．

(3)　サービスラーニングの例

日本と同様，台湾の学校現場には，「情報」を教えることのできる教員の数は不足している．そのため，大学生らが，情報モラルに関するビデオを作成し，小学校へ授業に赴くことはニーズが高いとのことであった．サービスラーニングの様子が図 4-3 である．小学校では指導者が不足しがちなスマートフォンや SNS などの新しい情報機器に対応した情報モラルを，大学生のサービスラーニングを小学校教育の中に取り入れることにより，相互保管しているという例である．

図 4-3　サービスラーニングによる情報モラルの授業例

サービスラーニング（Service-Learning）の概念は，米国の教育学者ジョン・デューイ（John Dewey）によって提唱された体験的教育理論がその素地とされている[20]．米国では 1960 年頃から多くの大学のプログラムとして取り入れられている．知識として学んだことを体験に活かし，また体験から学んだこと

をもとに知識を深めていく学習活動を指す．サービスラーニングとボランティア活動との違いは，教育活動の一端として行われているか否かである．たとえば，米国のワシントン州の大学では，下記の6ステップによるサービスラーニングが浸透している[21]．

Discuss（問題把握，気づき）
Investigate（調査）
Address（目標の明確化）
Plan（実践計画）
Execute（サービス実践）
Reflect（振り返り，新課題の抽出）

台湾の大学でも，この6ステップをたどる授業が展開されており，ネットいじめや，著作権の問題など，ディスカッションを通して学生らが問題把握や気づきを体験し，インターネットや文献を通して実態調査を実施し，グループごとに目標の明確化を行い，計画を立て，実際の小学校のサービス授業に出かけ，各自が振り返るという流れで構成されていた．

(4)「新聞大富豪の教材例」

図4-4は「新聞大富豪」と名付けられた，メディアの信憑性に対する用語や，原則や理由などを双六形式で学ぶ教材である．左上の起点からスタートし，サイコロを振り，止まったマスで問われていること（ニュースは鏡のように完全に現実の世界を反映しているか，理由とともに説明しなさい，ニュース制作の過程を簡単に説明しなさい，ニュースを比較して見る／読むときに注意する点は？ など）に対し10秒以内に回答するのである．10秒以内に答えられなかったときは，3マス戻ることになる．

この教材は，情報リテラシーに必要な言葉・用語を知ることが目標であるが，単調な暗記ではなく，ゲームを通して，楽しみながら言葉・用語を学ぶところに特徴がある．

我が国においても，誹謗中傷や不正確・不適確なことをネット上に書き込む大人が多数おり，情報リテラシーを学ぶ前の子どもの目に触れる状況にある．情報リテラシーは，学べばすぐに身につく力ではなく，発達段階に応じて徐々

図 4-4　新聞大富豪の教材例

に培われていく力である．我が国においても，台湾と同様に初等教育段階から，体系的に情報リテラシーを学ぶカリキュラムが必要であろうという示唆を得た．

3. モンゴルの情報教育[22]

モンゴルと日本の情報教育の比較をすると，モンゴルの情報教育の特徴は主に3つあり，アンプラグド・コンピューティングに関して重点が置かれていることと，情報システムについても時間をかけて学んでいる点，そしてSNSに関する指導にも重点が置かれており，中学校では全員がFacebookのアカウントを取得し，SNSコミュニケーションに関しても教科書が20ページ以上割かれている点である．まずは，アンプラグド・コンピューティングに関して，モンゴルで重要視されているオブジェクト概念やモデル化の概念の形成がどのように指導されているのか報告する．

○ アンプラグド・コンピューティング
アンプラグド・コンピューティングとは，コンピュータを使わない情報教育

のことである．この手法はニュージーランドのカンタベリー大学ではじまり，世界中に広がっている[23]．モンゴルと日本の情報教育の比較をすると，アンプラグド・コンピューティングに関する内容を，モンゴルではとても重要視して教えている．たとえば，日本ではオブジェクトの概念を教えるカリキュラムは，ほとんど存在しないが，情報Ⅰ（日本の小学校6年生）Ⅱ（日本の中学校1年生）の2年間をかけて教えている．そこで，本節では，オブジェクト概念の形成に関するカリキュラム及び内容について報告する．

○ オブジェクトを学ぶ単元について

オブジェクトについて学ぶ生徒用教科書[24]は，Ⅰ学年Ⅱ学年それぞれ以下の構成になっている．Ⅱ学年のオブジェクトと情報の単元の前半は，情報の表現形式と符号化の内容で，およそ高等学校の情報の教科書に書かれている内容とほぼ同等である．Ⅲ学年以上には，オブジェクトに関する単元はないことから，Ⅰ学年のみでオブジェクト概念を形成するカリキュラムになっているといえる．

〈Ⅰ学年〉

1.　　オブジェクトと情報
1.1　　身の回りの環境におけるオブジェクト
1.1.1　オブジェクトとは
1.1.2　オブジェクトの環境
1.1.3　オブジェクト群
1.2　　オブジェクトモデル
1.2.1　モデルの概念
1.2.2　材料モデル，実例
1.2.3　情報モデル，実例
1.2.4　情報モデルの表現仕方
1.2.5　情報モデルの創造
1.3　　情報のプロセス
1.3.1　情報の収集

1.3.2　情報の保存
1.3.3　情報の処理
1.3.4　情報の伝達
1.4　　情報を扱うためのコンピューターの役割
〈Ⅱ学年〉
1.　　　オブジェクトと情報
1.1　　情報の表現形式と符号化
1.1.1　情報の表現形式
1.1.2　情報の符号化
1.1.3　2進コード化
1.2　　情報の性質と計測
1.2.1　情報の性質
1.2.2　情報量の計測
1.3　　オブジェクトの情報モデル
1.3.1　情報モデルを作成しよう

○ 指導内容について
(1)　Ⅰ学年のオブジェクトと情報の目標

　はじめに［オブジェクトは何か］を学ぶ．教科書の説明はこのように開始されている．「教室の身の回りのものを見てみて下さい．教室内に何があるでしょうか．ノートに書いてみましょう．黒板，先生の机，生徒の机，教科書，ぺん，定規，ドアなどがあります．いろいろなものをすべてオブジェクトといいます．オブジェクトを見たり触ったりできます．人工のオブジェクト以外にも木や鳥や馬などの生き物のオブジェクトもあります．さらに，行為や現象もオブジェクトといっています．太陽が昇る，雨が降る，風が吹く，季節が変わることもオブジェクトといいます」という具合である．
　我々を取り巻くオブジェクトは，触れることのできるもの，見ることのできるものから見えないものまで，様々なものがあることを認識させることにより，情報に対する視野を広げるところからスタートしている．この導入がなけ

れば，情報はコンピュータ上のものと勘違いして学ぶことになるであろう．

教師用指導書によれば，オブジェクトの性質を知ることの重要性とその目標を以下のように述べている．「生徒はオブジェクトをその性質と存在の状態を知り，それらをモデル化する方法を学習し，いろいろな種類のモデルを作成する．そして，情報科学は，情報の保存，伝達，処理等々の情報を扱う学問の基本概念を知ることが目的である．」そして，具体的なオブジェクトと情報の学習目標と時間配分は表4-5のように規定されている．

表4-5 Ⅰ学年オブジェクトと情報の学習目標と時間配分

No	節	学習時間 理論	学習時間 演習	習得 知識	習得 能力	習得 応用
1	オブジェクトとその性質	1		・オブジェクトとその種類 ・オブジェクトの性質	・オブジェクトとは何かを名称する ・人間の知能で作られるオブジェクトを作成する ・オブジェクトの性質を探求することで周囲の知る評価する	・オブジェクトとその性質について学習した上でオブジェクトを見分けることができるようになり，その知識を生活において正しく活用する．例えば，野菜を正しく保管するなど
2	オブジェクトの環境，オブジェクト群		1	・オブジェクトの存在条件または環境 ・オブジェクト群とその特徴	・任意のオブジェクトの環境を識別する ・オブジェクト群，およびその機能について説明する	・環境はオブジェクトに影響を及ぼすことを学習することでオブジェクトに対して正しい態度をもつ．例えば，川や水の保護
3	材料モデル		1	・モデルとその分類 ・材料モデル	・オブジェクトを知る一つの方法はモデルを構築することを説明する ・材料モデルとその性質を説明する	・周囲環境に存在している材料モデルを知った上で使用する

4	情報モデル	1	・情報モデル ・情報モデルを表現する形式	・情報モデルとその性質を説明する ・情報モデルの表現形式を説明する ・情報モデルを構築する	・周囲環境に存在している情報モデルを知った上で使用する ・学習過程において情報モデルを構築する
5	情報モデルの構築	1	・情報モデルを構築するためにオブジェクトについての情報を収集する ・モデル構築する目的は情報モデル構築にどう影響するか	・モデルを工場の製造プロセス、生活におけるあらゆる問題を解決するための対策探求、問題解決などの目的で構築し活用することを知る、よって事例を出す ・オブジェクトに関する情報はどのような性質を持っているかによってモデルの性質か決まっていくことを説明する、よってモデルを構築する	・モデル構築前に多数の情報源を利用して情報を集める.

(2) Ⅰ学年オブジェクトと情報の系統性

教科書の単元「オブジェクトと情報」は，オブジェクトとその性質，オブジェクトの環境と，オブジェクト群，材料モデル，情報モデル，情報モデルの構築，という5つの節で構成されており，モデル化について学ぶ基礎概念としてオブジェクトの学習が位置づけられている．

そして，オブジェクトとモデルの内容の系統性として，以下の流れで概念構築がなされるよう構成されている．

1段階：オブジェクトの環境・オブジェクト群

オブジェクトとその性質を知ることによって，周囲環境を探求する．

2段階：材料モデル

周囲の環境を研究するために，いろいろな種類のモデルを作り，製造業や生活における問題を解決するのに活用していることを知る．

3段階：情報モデル

周囲環境から，情報を受け取り，情報を保存・伝達・処理する過程を行う．または情報は，知識に変わる（転移する）ことについて学習する．

4段階：情報モデルの構築

情報時代において人間は情報を素早く受け取り伝達し処理するために，コンピュータを活用していることについて学習する．

(3) I学年オブジェクトと情報の指導指針

教師用指導書では，上記の系統性を指導するために，下記に示す指導ポイントを示している．

① オブジェクトとその性質

生徒にその周囲環境における物事や自然や地球の気候現象，学習している科目ごとの作っている何かのものに関して，事例を出して貰って会話をすること．絵や子どもの歌やアニメーション，ビデオを活用することによって，オブジェクトとその性質は何かを子どもに説明して貰う．校外学習も行うこと．

② オブジェクトの環境とオブジェクト群

いろいろな種類のオブジェクトを存在する条件，存在環境を定義して貰い演習する方法で，オブジェクトの環境についてわかって貰う．オブジェクトの環境を変えてしまえば，どんな悪影響が及ぼされるのかを，自然環境を事例に説明をする．例えば，猿を北極に持って行くとどうなるか，魚を水から出すとどうなるかなどを，事例を挙げて説明する．

③ 材料モデル

人間は自然，地球，環境，または周囲を認識するために，（研究するために），モデルをつくって，それを使用するようになったことを説明する．材料モデルは，実際のものを模擬的につくられている．子どもは，材料モデル

の代表となる玩具を通じて，周りのオブジェクトやその性質を認識するようになる．車・馬・くまの玩具と遊ぶことによって，周囲のいろいろなものを認識できるようになる．車・馬・くまの玩具は材料モデルの事例．

④　情報モデル

　実際の生活では，材料モデルを作る機会は少ない．情報モデルをいろんな形式で作成し，学習プロセスで活用している．一般学校では，いろいろな形式を活用している．例えば，数学の数式を使用して問題を解いたり，人の意識的な行為の結果となる，問題というオブジェクトが作られる．数学の演習課題などのオブジェクトが作られる．例えば，数式を使って問題を解いたり，人間の意識的な行為の結果として問題というオブジェクトが作られたりしている．

⑤　情報モデルの構築（モデル化）

　どんなモデルを構築するにも，そのオブジェクトについて，情報を収集する必要がある．その情報が，リアルで利用可能性が高く，正しければ正しいほど，よいモデルになっていく．また，情報の性質についても，簡単に説明する必要がある．

(4)　指導事例

①　ベン図による集合の概念

準備：

A．学習資料の作成

1. この章を教えるためにインターネット使用して画像，歌，アニメーションなどのマルチメディアファイルのデータベースを作成する．
2. また6年生が学習する授業等における作品（絵，解いた問題，ノート，エッセイ）のデータベースを作成する．
3. 章に関連する絵ポスター，材料モデルの事例としてのおもちゃ，学習資料を作成する．
4. もしものとき使うためにノートパソコンやプロジェクターを用意する．
5. 課外学習を行う．

B. 学習方法

6年生の生徒は 12-13 歳なので彼らの精神年齢（発達段階）に応じた，自己表現ができるよう導くための学習方法を選ぶ必要がある．例えば，ベン図や立方体を利用して説明する方法，またはそのやり方について以下説明する．

1. 章の基本内容を詳細に学ぶために他の題目，物事や現象と比較や相当することによって論理的な思考を発達させる．
2. 与えられた知識と情報からアイデアを得て想像し，比較や相当などによって精神を発達させる．

教師が用意すること：
1. クラス全体をどのように組織化するかを決めておく．
2. 全生徒に見えるようベン図を用意し，提示しておく．
3. ベン図とは：．．．．．．．

手順：
1. 生徒をチームに分ける．今までのやり方によれば，2つの物事を比較する場合2人で，3つの場合3人で1チームになるのが適切である．比較対象の物事を説明する．円形の重ならない部分にはその物事の他と違う性質を記入する．重なった部分に比較対象の共通な性質を記入するよう指示する．（重なっているところに共通の性質を，重なっていないところには異なる性質を書いて下さい）
2. いくつかのチームのダイヤグラムを壁に提示し，他のチームからの意見を聞くよう指示する．

例：次のオブジェクトの特定な性質と共通な性質についてベン図を使って比較してください．2つのオブジェクトの性質を比較するときには2人で，3つのオブジェクトを比較するときには3人で比較しよう．

② 合科的な指導事例

オブジェクトとその性質についてはモンゴル語の科目と関連させて学習することも指導書に述べられている．

以上は，モンゴルにおけるI学年のオブジェクト概念形成のカリキュラ

第4章　各国の情報教育の具体的な指導内容について　83

ムや指導内容についての内容である．日本の教科書ではオブジェクトについてどのように扱われているのか調べたところ，アプリケーション使用の文脈で，ツールの名前として使用されているのみであり，オブジェクト概念の形成についての単元は設けられていない．

③　オブジェクト概念とモデル化概念の系統性

　モデル化概念を教える教師のための指導書[25]には次のように述べられている．「この章を学習する前に教師はオブジェクトとそれの定義する性質について教えておく必要がある．オブジェクトの性質はそのオブジェクトついて深く創造することを可能にしてくれる．学習したことに基づいてモデルという概念を理解する．人間は特定のリアルなオブジェクトを知ることによってそれに適切なモデルを構築するようになったことを事例を挙げて説明する．また，一つのオブジェクトや現象においていくつかのモデルを構築できることを想像させる．(p23)」つまり，系統性を明示しているのである．

　日本の場合であっても，教科書の最初から順に教えていくという使い方をしない教師も時々いる．校外学習等と関連してカリキュラムを策定する場合など，単元を入れ替えたりすることもあり，珍しいことではない．しかし，足し算を学ぶ前にかけ算を学ぶことはしないように，たとえ小学生であっても，学問上の系統性は守られている．

　情報教育においても，学問上の系統性を保持した上で，指導する必要があるけれども，日本の情報教育は，1年間しか学習指導要領が用意されていないこともあり，ほとんど学問的系統性について触れられていない．

　情報教育を教える教師自身が児童・生徒であった時代には，情報教育が存在しなかったという実情は，モンゴル・日本，その他多くの国に共通している．教師自身は，教わったことのないことを教えなければいけない状況下に置かれているわけである．そのような中での拠り所としての教師用指導書の役割は，旧来の科目の指導書よりも重要度が高いといえよう．それ故，何故これをこの順序で教えるのかについても指導書に書かれているのであろう．

　つまり，オブジェクト（単体）－＞オブジェクトの性質への着目－＞オ

ブジェクト群（集合体）－＞モデル化という系統性について，指導書に明示されている．

④　モデル化概念の指導内容

オブジェクトに関しては，教科書に明確な定義が冒頭に示されていたが，モデル化については，モデルの定義が冒頭に明示されていない．それはなぜか．教師用指導書によれば，モデルについては，生徒にモデルの例を考えさせ，生徒らでモデルの定義を作るという学習，つまり具体例から一般化しモデル化するというプロセスを辿りつつ，モデル化について学ぶ指導内容が示されている．

まずは，生徒にモデルの例を列挙させるのである．そのモデルの共通点を考えさせ，生徒がモデルとは何かの定義を創る．

生徒の創るモデルの例としては，
・モデルとは特定のオブジェクトの単純化された表現である．
・モデルとは実際に存在するオブジェクトについて簡素化した表現である．
・特定のオブジェクトの代わりとなったり，代表されるものが例示されている（章末注28のp23）．

そして，指導書には，以下のような指導指針が示されている．

「教師はこれらの定義を生徒と一緒に討論し次の形でモデルを定義することができる．[モデル]とは認知するプロセスや研究するプロセスにおいて実際のオブジェクトを代理できる材料的および認識に想像できるオブジェクトのことである．我々は生活上ではオブジェクトのモデルと頻繁に出会っている．モデルは様々な状況におけるオブジェクトに関する研究に使用される．
例：子どもを取り巻くおもちゃ（人形，飛行機，車，建物）はオブジェクトのモデルであり，生徒にこれらのおもちゃは材料モデルであるということを認識させる．人間はいつも材料モデルばかり作っているわけではない．学校の授業で材料モデルでない実際のオブジェクトに頻繁に出会うことを討論する．

例：
1．S=V*t これは等速度運動を表すモデルである．

2. また人々は旅行するときは所在地図を使う．
3. 学校では授業カリキュラムを使う．これば生徒にとって非常に便利なものである．しかし，教師の授業カリキュラムは異なる形で書かれる．よって一つの授業プロセスには2種類の授業カリキュラム（教師用と生徒用）がある．（章末注28のp24）」

つまり，Ⅰ学年では，モデル化の定義を生徒自らが創り，現象を式で表す定式化，1つの事象の複数表現，表による簡素化表現などの手法を概念的に学ぶのである．

Ⅱ学年では，実際にモデル化を生徒自らが行うカリキュラムになっている．
例：以下の文を読んで，下記の問に答えよ．

巨大蛇は長い．人間は昼間の時間は生き生きしている．無毒蛇はネズミをさらうが，羊をさらうことができない．人間は長くない．フクロウは両足で動く…以下省略．

問：
1. どんな動物がネズミををさらうか．
2. どんな動物が夜中生活するのか．
3. どんな共通の性質が巨大蛇と無毒蛇にあるか．
4. どんな動物一番長いか．

答えを得るのにどのぐらい時間を要したか．情報を他に簡単な形式で表現することができるか．下表と比較せよ．

性質	猫	フクロウ	人間	無毒蛇	巨大蛇
両足で歩く	−	+	+	−	−
羽毛で覆われいる	−	+	−	−	−
ネズミをさらう	+	+	−	+	−
夜中生活するライフスタイルを持つ	+	+	−	+	+
羊をさらう	−	−	−	−	+
長い	−	−	−	−	+

このモデル化の例では，情報の表現方法について，文章と表の違いを考察させている．

この他，モンゴルの情報の教師用指導書において，オブジェクトとモデル化に関して指導すべき指導のポイントとして示されていることを下表に示す．

表4-6　単元名と指導のポイント

No	単元名	指導のポイントの内容
1	オブジェクトとその性質	生徒にその周囲環境における物事や自然や地球の気候現象，学習している科目ごとの作っている何かのものに関して，事例を出して貰って会話をすること． 　絵や子どもの歌やアニメーション，ビデオを活用することによって，オブジェクトとその性質は何かを子どもに説明して貰う．校外学習も行うこと．
2	オブジェクトの環境とオブジェクト群	いろいろな種類のオブジェクトを存在する条件，存在環境を定義して貰う演習する方法で，オブジェクトの環境についてわかって貰う．オブジェクトの環境を変えてしまえば，どんな悪影響が及ぼされるのかを，自然環境を事例に説明をする．例えば，猿を北極に持って行くとどうなるか，魚を水から出すとどうなるかなどを，事例を挙げて説明する．
3	材料モデル	人間は自然，地球，環境，または周囲を認識するために，（研究するために），モデルをつくって，それを使用するようになったことを説明する．材料モデルは，実際のものを模擬的につくられている．子どもは，材料モデルの代表となる玩具を通じて，周りのオブジェクトやその性質を認識するようになる．車・馬・くまの玩具と遊ぶことによって，周囲のいろいろなものを認識できるようになる．車・馬・くまの玩具は材料モデルの事例．
4	情報モデル	実際の生活では，材料モデルを作る機会は少ない．情報モデルをいろんな形式で作成し，学習プロセスで活用している．一般学校では，いろいろな形式を活用している．例えば，数学の数式を使用して問題を解いたり，人の意識的な行為の結果となる，問題というオブジェクトが作られる．数学の演習課題などのオブジェクトが作られる．例えば，数式を使って問題を解いたり，人間の意識的な行為の結果として問題というオブジェクトが作られたりしている．
5	情報モデルの構築（モデル化）	どんなモデルを構築するにも，そのオブジェクトについて，情報を収集する必要がある．その情報が，リアルで利用可能性が高く，正しければ正しいほど，よいモデルになっていく．また，情報の性質についても，簡単に説明する必要がある．

⑤　情報システムに関する教育内容について

　日本の高等学校までの情報教育では，情報システムについてはほとんど触れられていないが，モンゴルの情報の教科書では「情報システム」等の単元が設けられており，情報システム開発や情報マネジメントに関して詳細に学ぶ．高等学校における情報システムについての教育の違いに着目し，日本の内容と比較しつつモンゴルの情報システムに関する教育内容について以下に紹介する．

　日本の高等学校普通科情報の学習指導要領では，「情報及び情報技術を活用するための知識と技能を習得させ，情報に関する科学的な見方や考え方を養うとともに，社会の中で情報及び情報技術が果たしている役割や影響を理解させ，社会の情報化の進展に主体的に対応できる能力と態度を育てる」[26]ことを目標としており，情報の活用と表現，情報通信ネットワークとコミュニケーション，情報社会の課題と情報モラル，望ましい情報社会の構築を学ぶことになっている．学習時間も1年間2単位分しかないため，［情報システム］について，高等学校で学ぶことにはなっていない．しかしながら，モンゴルの高等学校1年生では，情報システムに関する単元が設けられており，情報システムについて，5コマ学ぶことになっている[27]．

⑥　モンゴルの［情報システム］単元について

　モンゴルでは，7年間かけて情報を学ぶカリキュラムになっており，その6年目（日本で言えば高等学校2年生に相当する）に，［情報システム］の単元が設けられている．授業の学習目標と学習時間，教科書の割り振りページを示した．

　例えば，「情報システム開発のライフサイクル」の節では，システム開発ライフサイクル（Systems Development Life Cycle, SDLC）について学んでいる．1システム開発，2システムの設計，3プログラミング，コーディング，4システムのテスト，5システムの設置と実装についての理論を学ぶとともに1時間だけだが，実習の時間も設けられている．我が国でSDLCについて学ぶのは，情報系の学部の学生のみであり，高等学校の教科書には登場しない．

表 4-7　モンゴルの［情報システム］単元の学習目標

授業	1コマ授業		学習目標	学習時間		教科書のページ
				理論	演習	
1章　情報システム						
情報システム	技術の発展	情報通信	ICT の利用，発展傾向，生活における役割，ICT の環境への影響などを説明・解釈できること	1		6-11
	組織における情報システム・情報システム導入方法		▶ 組織における ICT の活躍，情報システムの利用について説明する ▶ 与えられた組織や支店の事例における ICT の利用状態を検討し，結論だす ▶ 学校，銀行，病院などの特定の情報システムを研究し，その目的，開発ニーズ，構成要素などを定義し，説明する	1		11-20
	情報システム開発ライフサイクル		▶ 小規模の情報システムを開発する方法，段階を定義し，説明する ▶ 学習に関連する課題を体系的かつ総合的に解決する方法を身に付ける	1	1	20-27
	情報システムと情報パッケージ		▶ 情報システムにおける情報を定義する ▶ 情報システムにおいて処理された情報を解析する	1		27-30

　そして,「情報システム開発のライフサイクル」の節における演習では，以下のような問題解決型の演習が行われる．

　演習例：3人から成り立つチームを組んでください．皆さんはウランバートル市のある村の民間登録情報システムを開発することになったとします．このためにどのような行動が予定されますか？ 情報システム開発ライフサイクルの流れにそって活動すると考え，仕事予定表を作成してください．

　また,「組織における ICT の活用」の節では，組織において一般的に使用される情報システムとして，生産情報システム　財務情報システム　人事情報システム　販売情報システム　マーケティング情報システム　管理と意思決定を支援するシステムについて学ぶ．さらに，組織の管理と運営段階に

おける情報システムの利用として，以下のような情報システムについても学ぶ．
・管理者　経営戦略支援システム
・上級マネージャー　意思決定支援システム
・中間マネージャー　経営情報システム
・従業員　トランザクション処理システム

　トランザクション処理システムとは，日常業務に利用され，出勤管理や作業記録をして処理して結果を出すシステムや，生産情報システム　財務情報システム等を指す．

　さらに「情報システム」の節では，電子化されたIDカード（身分証明書）がどのように情報システムに活用されているのかを学ぶ．モンゴルでは2010年1月末より電子化されたIDカードが全国民に配布され[28]，申請時登録，住所変更，婚姻登録，死亡登録などを行うほかに，システムから様々なフィルタリング情報や関連報告書を取り出すことができるとのことだ．IDカードは，日常生活の中の様々な情報システムに組み込まれて利用されており，中等学校では教育情報システム（校長・教師・生徒・保護者の他，ソーシャルワーカー，学校医などと情報を共有）[29]，国民登録部門は国民登録システム，図書館は図書管理システム，貿易やサービスに従事する企業は銀行の決済システムを日常業務に活用しており，どう活用されているかについても生徒らは学んでいる．

⑦　日本の教科書との比較

　日本の教科書には［情報システム］の単元は設けられていないが，モンゴルの［情報システム］の単元の教科書に記載されているユビキタスについては，［情報通信技術の発達］の単元の中で扱われている[30]．この他，電子商取引（e-commerce）；電子ガバナンス（e-governance）など，日本の教科書にもモンゴルの教科書にも記載が見られる内容がいくつかある．まとめると表4-7のようになる．モンゴルの情報システムの単元の教科書の節ごとに，日本の教科書にも記載がある節は○，そうでない節は×とした．ただし，情報コミュニケーション技術の発展に関しては，モンゴルでは6ペー

ジ分を割いているが，日本の教科書では1ページ未満の分量であり，分量には大きな開きがあった．

そもそも，日本とモンゴルの情報教育のカリキュラムと教科書を比較して，歴然とした差があるのは，ボリュームである．日本では，1年間しか授業が行われていない一方，モンゴルでは7年間授業が行われている．そのため，情報システムについては，日本では，ユビキタスやクラウドなど大雑把な内容しか学ばないが，モンゴルのⅥ学年では，詳細な情報システムについて学んでいる．情報システムについて学んだからといって，即効性のある技能が備わるわけではないため，学んだことの成果はすぐには現れない．しかしながら，潜在的知識として備えているか否かは，今後の情報社会において大きな影響を及ぼすのではないか．

日本でもマイナンバー制度が開始され，日常的な様々な場面で情報システムが利用されるようになり，システム開発者だけが知っていればよい知識ではなくなりつつある．各個人のセキュリティーを保護し，かつ遵守しつつ情報システムを有益に利用していくためには，すべての国民が，ある一定レベルの情報システムに関する知識を保有することが必要不可欠であろう．そのためには，モンゴルの高校生が学んでいるような情報システムに関する内容について，我が国の高校生も学ぶ必要があるのではないかという示唆を得た．

表4-8　モンゴルと日本の情報システムに関する比較

1	情報システム	有無
1.1	情報コミュニケーション技術の発展	○
1.2	情報システムの概要	○
1.3	組織におけるICTの活用	×
1.4	情報システム開発	×
1.4.1	情報システム開発手段	×
1.4.2	情報システム開発とライフサイクル	×
1.5	情報システムと情報パッケージ	×
1.5.1	情報システムにおける情報パッケージモデル	×

(参考) モンゴルの教育制度は，日本であまり知られていない．そのため，参考として，教育制度の概要を以下に示しておく．

表 4-9　現在の学校制度

教育段階	学齢	学校・学習年			
高等教育	26〜 25〜 24〜	博士課程 （3年間）		専門・技能獲得教育	生涯教育 (formal-non-formal-in-formal)
	23〜 22〜 21〜	修士課程 （2年間）			
	20〜 19〜 18〜	学士課程 （4〜6年間）	カレッジ （2〜3年間）		
小中等教育	17〜 16〜 15〜	高等学校 （3年間）	専門学校 （3年間）	中等教育・一般教育 基礎教育	
	14〜 13〜 12〜 11〜	中学校 （4年間）			
	10〜 9〜 8〜 7〜 6〜	小学校 （5年間）		初等教育	
学校教育前教育	5〜 4〜 3〜 2〜 1〜 0〜	幼稚園			

年	初等中等教育構造 （小学校・中学校・高等学校）
1941〜2010	10=4+3+3
2010〜2012	11=5+4+2
2012〜現在	12=6+3+3　→　12=5+4+3

・2010年まで：義務教育は8年間
・2012年以降は，義務教育は9年間

表 4-10　情報教育の学習時間

教育の分類	学年	基準	授業名	学習時間 時間	教材	教師の指導書	学習指導書
高等学校	12	インフォマティクス基準2004	インフォマティクス（必修科目）	週に1コマ	インフォマティクスVII	教師の本VII	√
高等学校	11			週に2コマ	インフォマティクスVI	教師の本VI	√
高等学校	10			週に2コマ	インフォマティクスV		√
中学校	9			週に1コマ	インフォマティクスIV	−	√
中学校	8			週に1コマ	インフォマティクスIII, 2011, 第2版, 2012		√
中学校	7			週に1コマ	インフォマティクスII, 2014	教師の本II	√
中学校	6			週に1コマ	インフォマティクスI, 2014	教師の本I	√
小学校	1-5	−					

注

1) 本稿は，加納寛子（2013）「イギリスの情報教育」教育システム情報学会誌，30（1），pp.128-129，および，CRN（http://www.blog.crn.or.jp/report/03/16.html）に寄稿した原稿に加筆・修正したものである．

2) イギリスの義務教育は5歳児から小学校教育（primary school）が始まる．日本のように1学年ごとにクラス編成されるのではなく，2～3学年を人まとまりにしたキーステージ（Key Stage）によるクラス編成がなされている．キー・ステージ1（5～7歳），キー・ステージ2（8～11歳），キー・ステージ3（12～14歳），キー・ステージ4（15～16歳）の分類となっている．

3) DCSF Practice Guidance for the Early Years Foundation Stage, 2008.
http://cw.routledge.com/textbooks/9780415485586/data/EarlyYearsFoundationStage-PracticeGuidance.pdf

4) http://www.education.gov.uk/schools/teachingandlearning/curriculum
5) http://plato.stanford.edu/entries/computer-science/
6) 小学校低学年の子ども向けに，プログラミングのアルゴリズムを理解するために開発された教材で，簡単なプログラムを組むとそれに従って動くロボットのこと．様々な種類の教材用床ロボットが開発されている．
7) 写真や切り絵，自分で作成した画像や人形・ぬいぐるみなどの静止している物体を1コマ毎に少しずつ動かしデジタルカメラで撮影し，ビデオ編集ソフトで画像をつなげ，あたかもそれ自身が連続して動いているかのように見せるアニメーション作成技術のこと．
8) http://www.handson.co.uk/digital-classroom/communication/broadband-detectives-software-single-user.html
9) http://www.handson.co.uk/digital-classroom/communication/email-detectives-software-single-user.html
10) http://www.tts-group.co.uk/shops/tts/Products/PD2028960/Moway/
11) http://www.tts-group.co.uk/shops/tts/Products/PD1721801/Pro-Bot-Class-Bundle-Pack/
12) http://www.tts-group.co.uk/shops/tts/Products/PD1723538/Bee-Bot-Floor-Robot/
13) http://www.teachingideas.co.uk/ict/contents.htm
14) http://teachers.guardian.co.uk/teacher-resources/4694/Mobile-devices-PowerPoint
15) http://www.teach-ict.com/gcse_new/gcse_ict_quizzes.htm
16) 本節は，加納寛子，長谷川元洋，古崎晃司，菱田隆彰（2013），台湾における情報リテラシー教育，教育情報学会年会論文集，pp.116-117．

董芃妤（2013）台湾における情報モラル教育――携帯インターネット端末にまつわる パブリックスペースの問題，加納寛子「携帯端末を用いた情報モラル教育システムの構築 科研費研究報告集 2010年度～2012年度 研究課題番号：22700784」，pp.10-14．および，CRN（http://www.blog.crn.or.jp/report/03/16.html）に寄稿した原稿に加筆・修正したものである．
17) フリーソフト…無料のソフトという意味ではない．無償のものが多いが有償のものもある．著作権を放棄した「パブリックドメインソフトウェア」とも異なる．フリーソフトウェア財団（FSF）の創始者リチャード・ストールマン（RMS）が，自由に利用し，改変し，再配布することができるという意味でフリーソフトウェアという語を1980年代初頭に作った．
18) シェアウェア…使用者と開発費を分担するタイプの有償ソフトで，例えば30日間は無料でそれ以降は料金が発生する方式をとっていたり，無償版では機能が限られていて有償版にするとフル機能が使えるような場合が多い．
19) ビジネスソフト…会計ソフトや業績管理ソフトなどビジネス全般で使用する広範囲のソフトウェアを指し，学校や企業ごとにカスタマイズしているソフトウェアなども含まれる．

大半は有償であるが無償のものも含まれる．
20) ジョン・デューイ，市村尚久訳（2004），経験と教育．講談社学術文庫，p162.
21) 中村知子，藤原由美，三浦 智恵子（2010），サービスラーニング授業の開発，JIYUGAOKA SANNO College Bulletin no.43, p18
22) 本節において，モンゴルの教科書等の翻訳にあたっては，モンゴル国立教育大学講師 Batnasan Batchuluun 氏の協力を得た．また，本節は下記で報告した原稿に加筆修正を加えた．

　　加納　寛子，Batnasan Batchuluun（2015），"モンゴルと日本の情報教育の比較Ⅰオブジェクト概念の形成に関するアンプラグド・コンピューティングに着目して"日本教育情報学会第30回年会論文集，94-97.

　　加納　寛子，Batnasan Batchuluun（2015），"モンゴルと日本の情報教育の比較Ⅱモデル化概念の形成に関するアンプラグド・コンピューティングに着目して"日本教育情報学会第30回年会論文集，318-319.

　　加納　寛子，Batnasan Batchuluun（2015），"モンゴルと日本の情報教育の比較—情報システム教育に着目して—"教育システム情報学会第40回全国大会講演論文集，121-122.

　　Batnasan Batchuluun，加納　寛子（2015），"モンゴルの情報教育について—カリキュラムと変遷に着目して—"教育システム情報学会第40回全国大会講演論文集，123-124.

23) http://csunplugged.com/ （日本語訳のサイト：http://csunplugged.jp/）
24) (1) Tim Bell, Ian H. & 2015 Revision by Sam Jarman (2015), Computer Science Unplugged - An enrichment and extension programme for primary-aged students
　　(2) Tsedevsuren D., Uyanga S, Delgerjav P, Munkhtuya L, Zolzaya B (2013), "Medeelelzui I", Xpress, Ulaanbaatar
　　(3) Tsedevsuren D., Uyanga S, Delgerjav P, Munkhtuya L, Zolzaya B, Oyunbileg E (2014), "Medeelelzui II", Soyonbo Printing, Ulaanbaatar
　　(4) Tsedevsuren D., Uyanga S, Munkhtuya L, Zolzaya B: Oyunbileg E (2013), "Bagshiin nom Medeelelzui I", Ekimo Inc., Ulaanbaatar
25) Tsedevsuren D., Uyanga S, Delgerjav P, Munkhtuya L, Zolzaya B (2013), "Medeelelzui I", Xpress, Ulaanbaatar

　　Tsedevsuren D., Uyanga S, Delgerjav P, Munkhtuya L, Zolzaya B, Oyunbileg E (2014), "Medeelelzui II", Soyonbo Printing, Ulaanbaatar

　　Tsedevsuren D., Uyanga S, Munkhtuya L, Zolzaya B: Oyunbileg E (2013), "Bagshiin nom Medeelelzui I", Ekimo Inc., Ulaanbaatar
26) 文部科学省（2010），『高等学校学習指導要領解説情報編』．
27) Tsedevsuren D., Uyanga S, Delgerjav P, Munkhtuya L, Jaabaatar T (2013), "Medeelelzui VI", Admon, Ulaanbaatar

Tsedevsuren D., Uyanga S, Munkhtuya L, Jaabaatar T (2013), "Bagshiin Nom Medeelelzui VI", Soyonbo Printing, Ulaanbaatar

Цахим унэмлэхийг энэ сарын сууллэр олгож эхэлнэ (2012), оны 1-р сарын 25, Лхагвагариг, https://burtgel.gov.mn/index.php?option=com_content&view=article&id=637:2012-01-25-04-55-50&catid=184:yariltslaga&Itemid=391

http://school.edu.mn/?p=1000

28) Цахим унэмлэхийг энэ сарын сууллэр олгож эхэлнэ (2012), оны 1-р сарын 25, Лхагвагариг,

29) http://school.edu.mn/?p=1000

30) 坂村健，越塚登，清水謙多郎，重定如彦，加納寛子他 (2012), 『文部科学省　検定済教科書　高等学校　社会と情報』数研出版, 東京.

第5章
AI時代に必要な情報リテラシー&情報モラル

1. 情報リテラシー

　日本の教育界において，コンピュータなど情報機器の発達にともない新たな教育が必要だと指摘されてから既に30年が経つ．1986年の臨時教育審議会経過概要の第7章ではじめて［情報リテラシー］という用語が使用された．1970年代に英語圏で使用されていた「Information Literacy」の直訳と考えられる（Rader, 2002）．おそらく，「Information Literacy」という用語が使用されたのは，Zurkowski（1974）によって「The Information Service Environment Relationships and Priorities」の中で記述が現代の用法と一致する最も古い用例であろう．

　パソコンが使えたら，プログラミングができたら，情報リテラシーが身についていると勘違いされがちである．議員ブログに病院の受付で番号で呼ばれたことを記載したブログが炎上し，議員辞職をした後自殺を図った議員がいた．「輸血は危険だ」と自分のブログに書いて炎上した議員もいた．出会い系サイトで高額被害に遭った高齢者の事件も起きている．LINEで悪口を書かれたといって相手を殺害した16歳の少女の事件や，LINEいじめに遭い自殺をした生徒の事件など議員以外でも，タレント，スポーツ選手，教師，医師，弁護士，会社員，フリーター，児童，生徒，老若男女を問わず，ブログやSNS等のインターネットを介したコミュニケーションによりトラブルが起きている．彼らは自らの判断で，パソコンあるいはスマートフォン等を操作し書き込みを行っ

たのである．議員辞職後に自殺した議員は，書き込む前にこれを書くことによって炎上が起き，自分が自殺に追い込まれるかも知れないため，書き込むことはやめておこうという判断はなかったと思われる．この議員は，特別に判断力がなかったのか，デジタルネイティブではないから，ブログ炎上を引き起こした，というわけではないだろう．デジタルネイティブの世代であっても，バイト先の冷蔵庫に寝そべった写真などをUPしバイト先の店を窮地に追い込むバイトテロ等多々問題を引き起こしており，インターネットを起因とした被害者・加害者は，老若男女を問わず幅広い世代の問題となっている．

インターネットを起因としたトラブルを防ぐ一つの方法は，全世界の人々がインターネットを放棄することである．しかしながらそれは現在及び今後の世界では不可能なことであり，子ども時代のみスマートフォンやインターネットの使用を禁止したとしても，大人になってから，判断を誤り大きなトラブルや犯罪を引き起こす危険性がある．

そうならないためには，インターネットやスマートフォンの操作方法ではなく，社会生活の中で適切に使いこなすための教育が必要である．情報モラルの一部であれば，交通ルールと同じく，フィルタリングを付けましょうなどのルールを作り，それらを守ることによって，ある程度の危険は回避できる．しかしながら，決まり切ったルールを守ることによって防ぐことのできるのは過去の事例が存在する事案であり，未知の事件を未然に防ぐためには不十分である．

それは，日本語の読み書きができても国語教育が必要なのと同じ理由だ．インターネットを介したトラブルにより命を落としたり，様々な被害に遭ったりしても自己責任と考えたり，機械やインターネットが悪いと考えたりする人々がいる．機械は，意思を持たないため，機械の意思で人を傷つけることはあり得ない．インターネットはインフラの一つに過ぎない．文字を覚えペンを持つようになれば，相手を傷つけ命を奪いかねない誹謗中傷を書く危険性もあるが，評論文を理解したり，小説を通して人の気持ちを考える経験をして，長い年月をかけ，我々は適切に文字を読み書きすることを身につけている．

インターネットを介した情報の収集や発信，コミュニケーションの取り方な

どの情報リテラシーも，特定のルールを守るだけでなく，長い年月をかけ，実際にSNSでのコミュニケーションをとる，幅広い学びを通して，適切な情報収集力，分析力，判断力，情報的な見方・考え方などを培っていく必要がある．

現行の文部科学省の学習指導要領では，高等学校において2単位分しか設定されていない．それすら履修漏れなどの指摘がなされたこともあった．以前，小中学校の先生方に集まっていただき，現行の文部科学省の学習指導要領を軸に，小学校と中校生の暫定版学習指導要領を試みたこともある．しかしながら，それを元に実践事例の段階へ落とそうとしたときに無理であることがわかった．

すなわち，現行の文部科学省の学習指導要領をベースに小学校1年生から高校3年生までの学習目標を設定するのではなく，スマートフォンやタブレットが主流となってくるモバイル時代において，どんなことを学ぶ必要があるのかを精査した上で，1からカリキュラムを練り直す必要があることが判明した．それ故，モバイル時代における情報リテラシーのオントロジーの構築を図ることが本節の目的である．

日本語のリテラシー（読み書き）は小学校1年生から高校3年生まで12年間学んでいる．日本語が話せる，文字が書けるようになったから十分だとは誰も思っていない．その理由は，12年間国語の教育と評価を受けることによって，日本語の読み書きの何処が得意で，何処が欠けているのかが，自己評価できているため，多くの人は鉛筆を握って文字が書けるからといって国語が不要とは思わない．

しかしながら，パソコンが使え，プログラミングができると，情報リテラシーが身についていると勘違いしがちである．それは，情報リテラシーの教育と評価を受けていないからである．教育を受けることによって自らの「無知の知」を知ることになるインターネットというインフラが，水や電気のごとくあたりまえとなる新しい時代を生きる子どもたちは，バランスよく系統的に情報リテラシー教育を身につける必要がある．アルゴリズムの理解にはプログラミングが必要であるし，ネット上のトラブル回避には情報モラルが必要である．

ビックデータ時代といわれる昨今の膨大な情報を分析し判断するためには情報分析も必要不可欠だ．バランスよく情報リテラシーの教育と評価を受けることによって，情報リテラシーの何処が得意で，何処が欠けているのかが，自己評価できる人を育成することが必要である．

新しい時代を生きる子どもたちが学ぶ必要のある情報リテラシーの主な柱には，「情報通信技術」「情報システム」「問題解決」「情報分析」「情報モラル」「情報の歴史」「情報機器の操作」等がある．それらを系統的に，小学校1年生から高校3年生さらには大学生まで，情報リテラシー教育の体系的カリキュラムや到達目標を明示し，授業をプランニングする必要がある．

本書では，[情報リテラシー] という用語は，世界標準と考えるユネスコの information-literacy の概念規定を用いている (http：//www.unesco.org/new/en/communication-and-information/access-to-knowledge/information-literacy/)．

また，世界を概観すると，初等教育においては，パソコンやタブレットなどの情報機器を使わないアンプラグドコンピューティングなどが普及し成果を上げている．小さな子どもに情報機器を与えると，操作することが中心になりがちで，情報の概念的理解がおろそかになりがちである．

そのため，本書では，「情報的な見方・考え方」を育てる情報教育とし，小学校段階では，情報機器は使わないアンプラグドコンピューティングや情報モラル教育，情報の歴史の学習などを進め，ある程度十分な情報に関する概念を学んだ上で，アルゴリズムの理解のためにプログラミングを行う教育，情報システムの概念理解を確認するために，データベースの作成など，幅広く情報について学ぶ情報教育の授業に役立つ指導案例を次章に示した．

また，「教育の情報化や ICT 活用」と「情報リテラシー教育」は，明確に柱を分ける必要があると考えている．なぜなら，目指すゴールが異なるからである．教育の情報化や ICT 活用の目的は，「情報機器を活用して数学の学力を伸ばす」のように，情報機器はあくまでプロセスという視点である．しかしながら，情報教育の目的は，「情報的な見方・考え方を育てること」が目的で，数式を利用して情報分析をしたとしても，数式はプロセスであって，目的は情報

科学の知識や理解が深まったか否かであり，それが評価観点になる．

さて，話を戻して，Zurkowski の時代から考えると，「Information Literacy」についてはじめて語られてから，既に 40 年以上の歳月が経ち，今 AI の進展にともない新たな局面に突入しつつある．

この 40 年間の間に情報技術は随分変化した．「渋滞追従機能付 ACC（アダプティブ・クルーズ・コントロール）」や「LKAS（車線維持支援システム）」等の機能により，高速道路等では半自動走行が可能となりつつある．CNN Money（San Francisco，2016 年 6 月 23 日）の発表によれば，オハイオ州コロンバスでは自動運転者が行き交う「スマート交通システム」のために 5,000 万ドル（約 52 億円）を獲得したとのことだ．自動走行のための道路を整備し，自動走行のバスやタクシーの運行を計画しており，これが実現されれば，すべての地域のアクセスがよくなり，低所得者層の地域の人々への貢献も期待されている．日本の高速道路にも「スマート交通システム」が埋め込まれるのは，遠い未来の話ではないだろう．

これまでのコンピュータは，パソコンのように単体で存在していた．しかし，AI 時代のコンピュータは道路や壁，あらゆる所に埋め込まれて存在するようになる．壁に埋め込まれるだけでなく，店員や案内係，受付係などの役割を担い甲斐甲斐しく動き回るヒューマノイドロボットも活躍するであろう．

これからの時代に必要な情報リテラシーは，様々な形状のコンピュータを，自らの意思と判断で利活用したり，我々を取り巻くあらゆる情報を適切に読み解く力である．

2. 情報を適切に読み解く力

（1） 社会で起きているサイバー犯罪を知ること

人混みではスリ被害に遭うかも知れないと知っているから用心することができる．どんなサイバー犯罪が起きているのか知っていれば，被害に遭わないよう用心することができる．表 5-1 はサイバー犯罪の検挙件数の推移である[1]．出会い系サイトによる被害がよく知られるようになってから，出会い系サイト絡

表5-1 サイバー犯罪の検挙件数の推移（平成23〜27年）

年次 区分	H23	H24	H25	H26	H27
合計（件）	5,741	7,334	8,113	7,905	8,096
不正アクセス禁止法違反	248	543	980	364	373
コンピュータ・電磁的記録対象犯罪等	105	178	478	192	240
ネットワーク利用犯罪	5,388	6,613	6,655	7,349	7,483
児童買春・児童ポルノ禁止法違反（児童ポルノ）	883	1,085	1,124	1,248	1,295
詐欺	899	1,357	956	1,133	951
うちオークション利用詐欺	389	235	158	381	511
わいせつ物頒布等	699	929	781	840	835
著作権法違反	409	472	731	824	693
青少年保護育成条例違反	434	520	690	657	593
児童買春・児童ポルノ禁止法違反（児童買春）	444	435	492	493	586
脅迫	81	162	189	313	398
商標法違反	212	184	197	308	304
出会い系サイト規制法違反	464	363	339	279	235
その他	944	1,268	1,345	1,567	1,593

みの事件は減少傾向になっている．一方で出会い系サイト以外のところ（LINE等）で知り合った人からの被害は増えている．また，オークション詐欺が危険であることは知られているが，手口が変わるために詐欺被害は高止まりしている．

（2）ネット詐欺に合わないために

サイバー犯罪の詐欺の項目が，ネットオークション関連のみ個別に数値が公表されている利用は，**ネットオークション詐欺**事件が多いからである．自動車部品販売業を営む人が，ネット上で知り合った中古自動車ブローカーから盗難自動車を仕入れて解体し，その部品をインターネット・オークションに出品して，売りさばいていたという事件など無数にあり，毎年数億円の被害が出ている．

インターネット・オークションにおいて家電製品を売ると偽り，164人から約1,500万円をだまし取ったという事件（2004年）や，2004年4月から12月にかけて，無職の男（28歳）ら12人は，他人の識別符号（ID，パスワード等）を使用してインターネット・オークションサイトに不正アクセスし，携帯

電話やブランド品等を架空に出品し，落札者から金銭をだまし取るなどしていた．この事件では，不正アクセス禁止法違反で逮捕されるまでになんと被害者が33都道府県に及んだ．

さらに，2005年～2006年の1年近くに渡り，京都，静岡，熊本の3県を舞台に**フィッシング詐欺**が行われる事件も起きている．無職の男（34）ら8名は，電子掲示板を通じて共犯者を募り，フィッシング詐欺の手法を用いて，実在するインターネット・オークション運営会社を装って不特定多数の者に電子メールを送り，同社のウェブサイトに見せ掛けて作成した偽のウェブサイトを閲覧するよう誘導し，これを本物のウェブサイトであると誤信した者に識別符号を入力させてこれを不正に取得した上，無職の女（41）らにこの識別符号を使って不正アクセスさせ，他人になりすまして商品を架空に出品させ，落札した者から代金をだまし取ったのである．お金を振り込んで1カ月経っても商品が届かなければ，当然詐欺だとわかる．それにもかかわらず，「不正アクセス禁止法」で逮捕されるまで1年近くも同じ手口で詐欺が続行されたのである．

いかにネット上は匿名性という点で優れているかを示す事件でもある．さらにネットがなければ犯罪者もこれほど容易に6億もの盗品を売りさばけなかったかもしれない．容易に他人になりすまして詐欺を行うこともできなかったかもしれないと考えると，インターネットの功罪は責任が重いといわざるを得ない．

では，どうすれば，ネットショッピングやネットオークションで，安全に売買ができるのか．購入を決定する重要な点は，信頼のできる業者と取引することである．ネットショッピングや企業が行うネットオークションで売買するときの信頼性を示す基準の一つは，**日本通信販売協会（JADMA）**のオンラインマークが入っているかどうかで判断すると良い（図5-1）．

一方，商品を送ったのにお金が振り込まれない，お金を振り込んだのに商品が届かないというトラブルは，確実に回避できるようになってきており，かつてに比べてオークション利用者数の割合から見るとかなり減っているようだ．減少の要因の一つは，**エスクロー（escrow）サービス**と呼ばれるサービスが普及してきたことであろう．エスクローサービスとは取引の安全性を保証する

第5章　AI時代に必要な情報リテラシー＆情報モラル　103

○ 日本通信販売協会（JADMA）のオンラインマークの説明
■オンラインマークの認証内容
・通信販売事業者の実在（商業登記簿謄本または抄本，住民票等による確認）
・申請サイト上での特定商取引法による通信販売広告の表示義務事項の表示
・広告表現の特定商取引法その他関連法令の遵守

右下の空白の部分には，事業者の認証番号がはいります．
●認証番号例
　　　　　J　　12345　　　-1　　-01
　　　　〔1〕　　〔2〕　　〔3〕　〔4〕
〔1〕最初のアルファベットは，審査を行った審査機関をあらわします．
「J」は，社団法人日本通信販売協会が発行したものです．
〔2〕「12345」は，事業者番号です．
〔3〕「1」は，事業者のホームページが1つであることをあらわします．
ドメイン名の異なる複数のホームページをもつ事業者で，2つ以上のドメイン名でオンラインマークを付与されている事業者は，付与されたドメイン名の数をあらわします．
〔4〕最後の「01」は，更新の回数，つまりオンラインマークを付与されている年数をあらわします．
（注）オンラインマークに関する詳細は，下記引用先の「日本通信販売協会オンラインマーク事務局」をご確認ください．（引用先：http://www.jadma.org/ost/index.html）

図5-1　日本通信販売協会（JADMA）のオンラインマークの説明

仲介サービスのことである．エスクローサービス事業者は，販売者と購入者の間に入り，購入者から購入代金を預かり，販売者が購入者に商品を配送するのを待つ．配達が完了したことを確認すると，購入代金を販売者に送金する．購入者は，販売者から商品が届かなかったり，届いた商品が取引内容と異なる場合には，取引を破棄して事業者から返金を受けることができる．販売者は，購入者が事業者に入金したことを確認してから配送できるため，代金を取り損ねることがない．企業向けのサービス自体は昔からあったが，販売者側も個人であるフリーマーケット型のネットオークションでも利用できるエスクローサービスを提供する事業者が急増してきたのである．これを利用することによって，高額な商品や動作保証の必要な商品などのトラブルは極力回避することができる．ただし，事業者は購入者から購入代金を預かる際に，併せてサービ

手数料を受け取る．エスクローを利用するには料金がかかるため，取引の際にあらかじめ販売者と購入者がサービスの利用を同意している必要があり，少額の取引では，送料に加えてエスクローサービス料を支払うと，新品を買うよりも高くなってしまう場合もあり，送料のかかる少額の取引でのトラブル解決にはなかなか難しい側面もある．例えば，少額で送料のかかる嵩のある個人が出品した交換品のない1品モノの商品の場合だ．

　個人が出品者となるフリーマーケット型のネットオークションでは，日本通信販売協会（JADMA）のオンラインマークは貼られていない場合が多く，加えて，ネットショッピングや企業が出品するオークションと異なり，1品モノが多く「競う」ことによって過熱しがちであり，判断を誤るケースが少なくない．例えば，出品者側から見れば「新品同様」であっても逆の立場から見れば，使い古された「中古品」にしか見えない場合もある．

　対面型のフリーマーケットであれば，「色が薄くなっているから，もう少し値段下げてもらえない？」などの交渉が，実物を見ながら行われ，両者の合意の上で売買が成立する．だが，ネットオークションでは，商品の取引を決めてから代金と引き替えに商品を手にすることになる．商品が気に入らないといっても送料が発生する．購入者にしてみれば，「新品同様」という表記が誤っていたのだから，往復の送料は当然販売者側が持つべきだと主張する．販売者側にしても，購入希望者が複数いて，購入希望価格が1円差で高かったAさんに売ることを決めたところ，たとえ次点のBさんに売れたとしても，Aさんから返品された往復の送料の負担も余儀なくされたのでは，もともと千円2千円の商品であれば儲けはなくなってしまう．このような少額の取引において，商品のイメージの違い，ニュアンスの違いでかさのある商品を送ったり送り返したのでは送料負担が増えるばかりであるし，エスクローサービスを用いようとしてもサービス料が高くなってしまうためサービスを利用せずに取引している場合が多い．少額取引でのニュアンスの違いの解決は難しいと思った方がよい．

　ニュアンスの違いが問題にならないモノの取引にはネットオークションは適しているし，そういった商品のやりとりも多い．例えばチケットだ．利用できるチケットであれば，使ってしまえばもともと手元に残らないのだから，新

品も中古品もあまり影響はない．ネットオークションでは，チケットの売買もよくなされている．スポーツ観戦等のチケットを売り出しと同時に買い占め，売り切れとなってから「友達大勢と見に行く予定でしたが，キャンセルが相次ぎ余ってしまいました」などの書き込みをして，購入額の倍値近くで売りさばいていることもある．本物のチケットであれば，購入者側も，元値の2倍だと承知の上で購入しているので了承済みである．

問題なのは，偽物のチケットが販売されている場合である．ネットオークションでは，本物のチケットと比較することは容易ではなく，届いた後もイベント会場に行くまで，そのチケットが偽だと気づかない場合が多い．会場に行ってみると，ネットで購入したはずのチケットがただの紙切れだとわかる．購入先にメールを送っても，電話をしても，すでに解約されていて連絡が付かないというケースだ．昨今では，かなり厳しく個人を特定できるシステムとなっているが，楽天，Yahoo，eBay などどこのオークション運営会社のサイトにも，売買上のトラブルは当事者の責任という文言が必ず注意事項の中に明記されている．チケットのような商品こそ，前述したエスクローサービスを利用すると良い．詐欺組織による偽のエスクローサービスでは意味がない．販売元とは一切つながりのないエスクローサービスを選ぶ必要がある．

ネット上の売買でトラブルに巻き込まれないためには，日本通信販売協会（JADMA）のオンラインマークが貼られており，法人登録された信頼と実績のある企業などが行っているネットショッピングに近いネットオークションにとどめておくのが安全策であろう．

また，違法ではないが注意しなければいけないネットオークションに，**ペニーオークション**と呼ばれる手法がある．入札するたびに手数料がかかる形式で，きちんと注意事項に明記されていれば違法ではないが，見落としていたり，手数料を忘れて，何度も入札し，格安に落札したつもりが高額な手数料を取られることもあるので注意が必要である．

もう一つ注意しなければいけないのは**ワンクリック詐欺**である．届いたメールの URL をクリックすると，何も見ていないのに，「ご視聴ありがとうございました」や「ご入会ありがとうございました」などと表示される．そして，

しばらくすると，督促のメールが毎日のように届くようになる．例えば，下記のようなメールだ．

タイトル：事務局より料金未納通知【重要通知】

このたびは，サービスをご利用頂きまして，誠にありがとうございます．

【重要通知】でございますので，必ず全文をご確認いただきますようにお願い致します．

貴殿が2007-01-0203：04：05にご入会して頂けてから，10日も経過しておりますが，未だに，番組料金99,980円のお支払いがされておりません．

至急，下記【口座案内】をご参照の上お支払いください．

【口座案内】http://www.abc.com

貴殿は，利用規約に同意し，入会をして頂けておりますが，ご滞納している現状は，利用規約第5条，料金に関する項目の規約違反をされております．早急にお支払いして頂けませんと，利用規約で定める法的処置の開始をさせて頂く事となりますので，早急なご対応をお願い申し上げます．

※ご不明な点や使用上の問い合わせ，質問は下記サポートセンターへご連絡ください．

【サポートセンター】

フリーダイヤル　0120-0123-456

メール　　　　　info@abc.com

お客様ご登録情報

---

1. ID番号　　　　012345
2. 登録日時　　　2007-01-02 03:04:05
3. IPアドレス　　123.45.67.89
4. プロバイダー　○×プロバイダー
5. OS　　　　　　Windows vista
6. ブラウザ　　　Internet Explorer 7.0
7. アクセス履歴　01/02 03:04

これは，典型的なワンクリック詐欺の手口である．クリックした瞬間に個人情報を盗み出す手口である．たとえ，利用しているプロバイダーやIPアドレスが正しかったとしても，慌てる必要はなく，無視をするのが一番の対応策である．相手は，自動的に盗み出したメールアドレスや，アクセス情報が正しい

のか半信半疑の場合が多い．抗議のメールを出すということは，相手に，メールアドレスが存在することを報告してしまうことになる．さらに，文面から，こちらの性別や年齢などを推測させてしまうことにもなりかねない．

　また，フリーダイヤルが書いてあっても絶対に自宅の電話や携帯電話からかけてはいけない．なぜなら，上記のメールを送りつけた段階では，こちらの電話番号はわかっていないのだ．だが，下手にかけると相手の思うつぼで，電話番号も相手に教えてしまうことになる．おそらく丁寧な口調で，「申し訳ありません．こちらの手違いかもしれませんので，メールに書いてありましたID番号を教えて頂けないでしょうか」などと，メールアドレスと電話番号を結びつける手がかりを聞いてくる．そこで教えてしまうと，今度は，電話番号から住所を調べて，今度は「住所も名前も電話番号も，メールアドレスもわかっている．今からそちらにお金を取りに行く．」などと脅迫めいた電話がかかってくることになりかねない．けっしてこちらからアクションを起こさないようにすることが，被害の拡大を防ぐ一番の対処法である．

　だが，ワンクリック詐欺に類する手口への対応がマニュアル化され，人々に広まれば広まるほど，ますます手口は巧妙化していく一方である．例えば，画像を張り込んだHTML形式のメールを送りつけ，メールを受信すると同時に画像のおいてあるサイトに自動的にアクセスさせ，外部のサーバーと通信を行わせようとする方法である．このようなメールを受信してしまうと，たとえ，メールを開かずすぐにゴミ箱に入れたとしても，受信している間に既に個人情報が盗まれてしまっている危険性が高い．このような方法から守るためには，画像を自動的に受信しないようにする設定が必要だ．

　そのからくりは，Cookie（クッキー）と呼ばれるWebブラウザに一時的な情報を覚えさせておく仕組みを利用し，自動的にユーザー情報をサーバー側に返すのである．何回アクセスしたのか，何時何分にアクセスしたのか，どのページにアクセスしたのか，使用OSやブラウザ情報などをサーバーへ自動送信させ，通販サイトであれば，購入の多いカテゴリーや閲覧する回数の多いカテゴリーを顧客ごとにデータを蓄積し，顧客ごとのページに反映させるためなどに利用されている．「○回目の訪問ですね」などと，コンピュータの向こう

で店員がいつもチェックしているかのような，印象を与えることによって，お得意様感覚を顧客に与えるために利用されている場合もある．通常，サイトをインタラクティブなものにするために便利なクッキーであるが，悪質に利用されるケースもあり，十分な注意が必要である．クッキーの受け入れの可否を自分で設定することができるので，必要ないと思えば，停止させておくと安全である．ただし，クッキーを受け入れないと，SNS やショッピングサイトで，エラーが続発して，不快になる場合もある．クッキーの可否は閲覧するページに合わせて，適宜自分で調節すると良い．

　自分の使用しているソフトウエアで，Cookie をブロックし，画像も自動表示させない設定を確認しておくと安心である．SSL（Secure Sockets Layer）のアイコンがきちんと表示されているかどうかも一つの目安になる．SSL とは，インターネット上でやりとりするデータを暗号化してセキュリティーを保つ機能であり，SSL に保護されたページであればアドレスの右側かブラウザの右下に「鍵」のアイコンが表示される．ただし，鍵があるかどうかだけでは，安心できない．巧妙なフィッシングサイトの場合，SSL も偽装してくる可能性があるからだ．鍵マークをクリックして証明書の発行先を確認する必要がある．

図 5-2　SSL に保護されたページを示す鍵のマーク

　下記は，証明書の見本である．「発行先」「発行者」の所には，アクセス先の正しい記載がなされているかどうかを，きちんと確認する必要がある．このような証明書を，簡単に作成できるソフトウェアもあり，偽装された「発行先」「発行者」が記載されていないかどうかの確認も必要である．
　また，利用しているネットバンクやネットショッピングサイトの URL が正

第5章　AI時代に必要な情報リテラシー&情報モラル　109

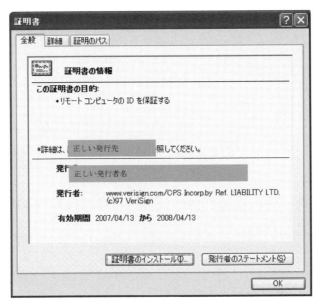

図 5-3　証明書の見本

しいか否かも判断の決め手になる．本来 https://www.ginkou.co.jp であるにもかかわらず，メールに書かれたアクセス先が https://www.ginkou.com のように，拡張子やドメイン名が異なれば，トップドメイン以外が同じであっても，全く別のサイトである．拡張子とは，ファイルの種類を識別するためにファイルの名前の末尾につけられる文字列である．主な拡張子は表 5-2 に示した．主な拡張子が頭に入っていれば，メールに添付されたファイルを開くときや，ネット上にあるファイルを開くときに，怪しいファイルであるか否か，ある程度検討をつけることができる．知人らしき名前の人から，「写真送るね」というメールを受け取った時に，表 5-2 にある画像ファイルの拡張子ではなく，.exe などの拡張子がついていたら，疑う必要がある．.exe はプログラムファイルに使用される拡張子で，正常なプログラムファイルにも .exe は使用されているが，画像ファイルを送ったとメールに書いてあるのに，この拡張子であればウイルスプログラムの可能性がある．

　ドメインとはインターネット上の住所のようなもので，ホームページやメー

表 5-2　拡張子

文字／文書作成／表作成／プレゼンテーション	.txt	文字の標準コードのみで作成されたデータ形式．プレーンテキストともいう．
	.csv	データをカンマ区切りにしたテキストファイル．
	.rtf	Rich Text Format の略で，字体など簡易レイアウト情報も含んだデータ．
	.pdf	Portable Document Format の略で，アドビシステム社などが提供する無料のビューアを用いれば，元原稿の作成に用いたソフトウェアがなくても，レイアウトを崩すことなく表示できる．
	.docx(.doc)	Microsoft Word で作成した文書ファイル．
	.docm	Microsoft Word で作成した文書ファイルでマクロを有効にしたファイル．
	.xlsx(.xls)	Microsoft Excel で作成した表ファイル．
	.xlsm	Microsoft Excel で作成した表ファイルでマクロを有効にしたファイル．
	.pptx(.ppt)	Microsoft PowerPoint で作成したプレゼンテーションファイル．
	.pptm	Microsoft PowerPoint で作成したプレゼンテーションファイルでマクロを有効にしたファイル．
	.jtd/.jtt	ジャストシステムの一太郎によって作成した文書ファイル．
OS（Windowsの動作に関連する主なファイルの拡張子．）	sys	Windows の重要なデバイス・ドライバ，設定ファイル，ビットマップ画像などで利用．
	tmp	一時的に保存するファイルであることを示す．
	dat	「data」の略でバイナリ形式のデータを収めるためのファイルの拡張子．
	log	各種プログラムの動作やエラーの情報を示すファイルが存在する場所の情報を格納．
	fon	米 Adobe Syastems が開発したフォント規格「ATM」の Windows 向けフォントファイル．
	ini	Windows アプリケーションの各種設定情報を格納するデータファイル．

分類	拡張子	説明
Web（Webで利用される主なファイルの拡張子．）	html(htm)	Webページを記述するHTML形式のファイル．
	css	Cascading Style Sheetsの略で，HTMLのフォント，色，背景などの表現をまとめて定義する目的で利用するテキスト形式のデータファイル．
	swf	米Micromedia社が開発したWebアプリケーション実行環境「Flash」のためのファイル形式．音声・画像・テキストなどを組み合わせた動的コンテンツが作成可能．
圧縮（データ圧縮で利用されるファイルの主な拡張子．）	lzh	フリーの圧縮／展開ソフト「LHA」で作成された圧縮ファイル．国内で広く利用される．
	zip	世界的に広く利用されている圧縮形式．「WinZip」などのソフトで圧縮／展開できる．
	sit	Mac Osで標準的に利用されている圧縮形式．
画像（画像の保存，表示に用いられるファイル形式の拡張子．）	bmp	Windowsで利用される標準的な画像フォーマット．色数は最大24ビット．通常，圧縮を利用しないため，ファイル・サイズは大きくなる．
	gif	可逆圧縮のためjpegのようなノイズが出ないこと，透過色の設定が可能などのことから，インターネットのWebサイトなどでアイコンやバナーなどによく利用される．
	jpg	写真画像向けのビットマップ画像形式．写真画像を独自の圧縮形式で非可逆圧縮している．圧縮率を任意に選べるなど自由度が高いため，デジカメなどで使われている．
	png	gifと同様可逆圧縮で透過属性設定できる他，48ビットの色数を利用できる．
	wmf	Windowsメタファイルと呼ばれ，MicrosoftOfficeのクリップアートのファイル形式として利用されている．ベクタ画像，ラスター画像，テキストをサポートしている．
	eps	Enhanced PostScriptの略で，商用印刷でよく利用される画像フォーマット．ベクタ画像，ラスター画像の両方を含めることができる．
	psd	米Adobe Syastemsの画像作成・編集ツールPhotoshopの標準画像ファイル．
	ai	米Adobe Syastemsの画像作成・編集ツールIllustlatorの標準画像ファイル．

動画／音声（動画や音声を保存，転送するための主なファイル形式の拡張子．）	mp3	音声向けデータ圧縮形式．携帯用音楽プレーヤーなどで広く利用されている．MPEG Audio Layer-3 の略で MPEG 規格の一部．
	mid	シンセサイザやコンピュータを結ぶための規格「MIDI」で用いられる演奏データのフォーマット．ほとんどのパソコンで midi 形式の演奏データを簡易再生することができる．
	wav	Windows で標準的に利用される音声のデータ形式．圧縮／非圧縮を選択できる．
	mpg	動画・音声の圧縮形式．インターネット上のストリーミングから，衛星放送，携帯電話などの機能に至るまで広く利用されている．Windows では Windows Media Player で再生可能．
	avi	Windows で用いられる動画フォーマットの一つ．動画，音声，静止画を含むことができる．
	asf	米 Microsoft 社が提唱するマルチメディア・データをストリーミングするためのデータ形式．動画・音声・テキストなどをストリーミングできる．
	wma	米 Microsoft 社が開発したインターネット向け動画圧縮フォーマット．Windows Media Player で再生可能．CD の音声を可逆圧縮する機能も備えている．

ルアドレスに利用される．トップドメインによって，その属性を判断することができる．.jp は日本を表している．付録に書く国のトップドメイン一覧をつけたので参考にしていただきたい．

　　http://xxxxginkou.jp
　　　　ドメイン名　　　　トップドメイン

（補足）

　情報をデジタル化することにより，コンピュータで扱えるようになる．文字や音声，画像，映像などどんな情報もデジタル化されることにより情報は，0と1のビットで表現され，スイッチのオンとオフの信号のように扱うことができる．そして，デジタル化された情報を扱うには，それぞれ規格があり，データ形式（データフォーマット）には，様々な方式がある．データ形式は，ファ

イル名の拡張子によって識別することができる.

（3） 固定観念は危険

犯罪者というとどんなイメージを持つだろうか．黒いサングラスをかけて深々と帽子をかぶって，マスクをはめているか無精ひげを生やし，だらしない格好をしている中年男性のイメージではないだろうか．そのような風貌の人を見れば，老若男女誰でも用心することができる．しかし，実際の犯罪者はそのような風貌とは限らない．

他人を見たらすべて疑えというような，人間不信になる必要はないが，固定した犯人像など無い．粗末な衣服をまとった無骨な風貌の人が凶暴な事件を起こすこともあれば，とても優しい心を持っていることもある．優しそうな笑みを浮かべる人がとても親切な人であることもあれば，凶暴な犯罪者であることもあるのだ．騙されやすいのは小さな子どもだけではない．リフォーム詐欺に騙される高齢者も後を絶たない．ネットショッピングで購入者たちの声としてネット上に掲載されている情報を鵜呑みにしてネット詐欺に騙される若者も後を絶たない．アタッシュケースを持った紺のスーツにきりっとした銀縁眼鏡をかけ弁護士バッジを付けた悪徳投資ファンドに騙されて，企業再生どころか現状打開の最良のソリューションとして合法的に不渡りを出し，会社も財産も家族もすべて失い，その対価として過去の回想だけを手にする元社長もいる．はたまた，今時不自然と思われるような割烹着を着て，野菜の入った買い物袋を下げた近所の住人を装う庶民的な風貌の詐欺師に騙される主婦もいる．

一方，外見が似ているといって逮捕され，有罪判決を受けた冤罪事件もある．たとえば，2002年4月15日，同年3月に当時16歳の少女に暴行を働こうとしたとして，当時タクシー運転手であった34歳の男性が婦女暴行未遂容疑で富山県警察管轄の氷見警察署に逮捕され，5月には別の少女への婦女暴行容疑により再逮捕された．逮捕のきっかけはこの男性が少女らの証言と似ていたことであり，逮捕後3日後に男性が容疑を自白した．但し，男性には犯行当時のアリバイが存在したこと，現場証拠である足跡が男性の物と違うことが発

覚するものの，富山地検が男性を立件し，有罪判決が下りた．男性が刑を終え2005年1月に出所した後，2006年11月に別の容疑で逮捕された51歳の男の自供により真犯人が判明したという冤罪事件も起きている．

外見や目にした情報を安易に鵜呑みにしてはならず，情報が多様にかつ豊富に提供されるようになればなるほど情報を吟味し判断する力が要求される．

また，常識が常識でなくなってきている事件も起きている．かつての常識であれば，子どもは被害者になりうることはあっても，殺人事件の加害者とは見なされていなかった．しかし，子どもが子どもを殺害するというショッキングな事件も起きている．たとえば，去る2003年7月1日には，長崎県長崎市内の家電量販店で4歳の男児誘拐殺人事件が起きた．犯人は12歳の中学1年生の男子生徒であった．「お父さんとお母さんは先に行った．今から一緒に追いかけよう．」と声をかけて連れ出した．路面電車での移動中も，4歳の子どもは助けを誰にも求めず12歳のお兄さんの言うことを素直に信じついていった．その結果，誘拐現場から4km離れた8階建ての駐車場のビルで，男児の服を脱がせ，はさみで体の一部を傷つけるなどのいたずらをしたあげく，ビルの屋上から放り投げて殺害された．2004年6月22日には，東京都新宿区の5歳の男児が13歳の中学2年生の女子生徒に，4階と5階の外階段から突き落とされるという事件も起きた．

いずれも未成年による犯罪であり，強引に車に乗せられて連れ去られたと言うより，お兄さんお姉さんに犯行現場までついて行ってしまって起きた事件である．犯行現場に着く前に，いくらでも周囲の大人に助けを求める機会があったにもかかわらず助けを求めていない．12歳13歳の少年少女は，被害者にならないように見守ると同時に，加害者として注意を払わねばならないのである．

略取・誘拐事件（いわゆる連れ去り）のうち，半数以上が不審者の声かけについて行っているのである．最も古くから知られている声かけパターンとしては，「お菓子買ってあげるからついておいで」「ゲーム買ってあげるからついておいで」等，物品や金銭をあげるからという誘いである．また，「車に乗ってコンビニのあるところまで案内してくれる？」「荷物を駐車場まで運ぶの手

伝ってくれる？」など，困っている人を装う場合も多い．さらに，「君のお父さんの友達で，ちょうど君のおうちに行くところだから，送っていってあげようか．」「お母さんが交通事故に遭ってしまったから，急いでお母さんの病院に連れて行ってあげようか．」など，親切な人を装う場合もある．新しい誘い方には，「うちに来て一緒にゲームして遊ばない？」とか，「ゲームの攻略法教えてあげようか．」「〇〇（アニメのキャラクター名）のカード何枚持っている？同じキャラクターのカードが何枚かあるからカード交換しない？」など，子どもの興味関心に合わせて近づく不審者もいる．少なくとも不審者だよと言って近づいてくることはあり得ない．家族の知り合いだと言って近づいたり，犬の散歩でいつも見かける人であったり，遊び相手として近づいてくる．

　また，2004年7月18日には，熊本県水俣市のショッピングセンターに母親と一緒に買い物に来ていた11歳の小学6年生の女子児童が，一人でトイレに行った際，女子トイレにスタンガンを持って侵入していた鹿児島県在中の学校の男性事務職員（29歳）につかまり，腹部に1週間のケガをした．このように，学校関係者や警察官による犯罪も起きており，特定の職業の人は安心だとは限らない世の中になってきている．

　さらに，2006年2月には滋賀県で保護者が子ども達を交代で送迎していたところ，当番の保護者の一人が，自分の子どもと同年齢の子ども2人を殺害したという事件もあった．2006年5月には秋田県で，小学校1年生の男児が2軒隣の同じ小学校に通う女児のいたお母さんに，学校帰りに呼び止められて殺害されるという事件が起きた．近所の人や友達のお父さんお母さんまでをも疑わなければいけない事態は憂慮にたえない．固定観念にとらわれず，その場その場で，自ら冷静に情報を分析し判断し行動できる判断力を育成する必要がある．

（4）なりすましの確認の方法
　LINE等のSNS上で，他人になりすますことはとても簡単である．メールであれば，発信ログなどを確認することができるが，LINEではログの開示は個人のユーザーに対して許可されていない．そのため，ログからなりすましを

見つけることができないのである．

　善意の相談者のふりをするなりすましによる非道な事件も起きている．2005年2月に大阪で，自殺サイトで知り合った女性を駐車場に停めた車両内で殺害し，その死体を河川敷に遺棄したという事件が起きた．おそらく殺害された女性は，ネットの中で共感できる相手だと思ったからこそ待ち合わせ場所に出向いたのだろう．だが，犯人の派遣会社社員の男（36歳）は，人が窒息して苦悶する表情を見て性的快感を得がたいがために殺害に及んだ．

　また，2004年11月に愛知で，地方公務員の男（27歳）が，当初から殺害する目的で，携帯電話からアクセスすることのできる出会い系サイトを通じて知り合った少女に「8万円を払う」などと交際を持ちかけて，待ち合わせ場所に現れた少女を殺害し死体を雑木林に遺棄したという事件が起きた．このころ，既に全国的に地域の人々による巡回活動は活発になりつつあった．少女が待ち合わせをした場所にも巡回活動の人の目があったかもしれない．ただし，巡回している「見守り隊」等の人の目には，駅で待ち合わせをしている親子としか映っていなかった可能性がある．目視するだけでは，どのようないきさつで待ち合わせをしているのかなど，人と人の関係性は見えてこない．路上での巡回活動の限界である．

　これらの悲劇の発端は，自殺サイト・出会い系サイトを閲覧したこと，そこで犯罪者と接点を持ってしまったことといえる．このようなサイトを保護者との助走期間無しに，子どもだけで自由に閲覧できる環境ではとても危険である．大学生になるまでインターネットの利用を禁じ，一人暮らしをはじめた後に，突然このようなサイトに出会ってしまうのも危険である．なりすましによる書き込みが混在していることを教えつつ，助走しながら，対処方法を教えていく必要がある．

　なりすます相手は，個人であるとは限らない．セキュリティーセンターなど，いかにも信頼できそうな組織になりすますことがある．「あなたのメールアドレスは，踏み台にされているようです．セキュリティーセンターに接続して確認してみてください．」というメール文とアクセス先のWebサイトのアドレスが書かれたメールを受け取ったことがある．セキュリティーセンターや

サイバー犯罪対策課など，実在する，あるいは実在しそうな信頼できそうな組織になりすまして詐欺行為が行われることもある．

銀行のネットバンキングを偽ったフィッシング詐欺事件が起きたこともある．フィッシング詐欺とは，本物に似せた偽りのサイトへ銀行の口座番号やクレジット番号などを入力させ，それらを盗み取る詐欺である．

なりすましによる被害に遭わないようにするためには，届いたメール，開いたサイトが少し怪しいと思ったら，そのサイトやメールに書いてある問い合わせ先でなく，元々自分のパソコンに登録してあるURLや契約書に書かれている電話番号等に問い合わせて確認をとる方法が望ましい．

3. インターネットを介した発信とコミュニケーション

（1） 情報モラル

インターネットを介した発信とコミュニケーションを行うためには，すべての人が情報モラルを遵守する必要がある．

スマートフォン利用上の主な情報モラルには下記の9点が挙げられる．
- 歩きスマホや運転しながらの使用はしない（道路交通法違反になる）．
- 電車の中や大勢の人が集まる場所での通話は控える．
- 映画館や講演会場等ではマナーモードにして着信音が鳴らないようにする．
- 観光施設の内部や店舗等では許可なく撮影しない（ディジタル万引きになる）．
- レストランや交響詩施設で無断充電をしない（電気窃盗になる）．
- スマートフォンが盗難にあったり紛失や故障に見舞われることもある．安易に他人にデータにアクセスさせないためにパスワード設定が必要である．故障に備え，データのバックアップをしておくとよい．
- 未成年の場合はフィルタリングを設定する．フィルタリングには，カテゴリーごとに閲覧させないブラックリスト方式と，健全で有益と思われるあらかじめ登録されたリストにあるサイトのみ閲覧できるホワイトリス

ト方式がある．

- スマートフォンの無料アプリの中には，個人情報を抜き取るような危険なアプリもある．便利そうなアプリを見つけても，安易に見知らぬアプリをダウンロードしない．アプリをインストールするときに，アプリが位置情報や個人情報へのアクセスを許可するか否か確認画面が現れる．画像に装飾を加えるアプリなのに，発信履歴などへのアクセスへの許可を求めてきたら怪しいと判断する必要がある．

- 軽率な発信はしない．バイト先のアイスクリームの入った大型冷蔵庫に寝そべって写真を撮ってSNSにUPしたり，バイト店員が飲食店のテーブルに裸で腰かけて写真を撮ってUPしたことが原因で，飲食店が閉店に追い込まれる事件などが起き，バイトテロと呼ばれている．看護学校の学生が，実習で用いた臓器の写真をUPし，退学になった事件もある．

コンピュータ使用上ウイルス対策に関する主な情報モラルには下記の4点が挙げられる．主にパソコンを想定するが，最近のタブレットやスマートフォンでも，パソコンと同等の使用ができるようになってきている．タブレットやスマートフォンも類似した対応が必要である．

- ウイルス対策ソフトを最新の状態にする．個人情報等を抜き取るスパイウェアやキーボードへの入力情報を抜き取るキーロガーなどのウイルスは，日々新しいウイルスが誕生している．最新のウイルスに対抗するためには，ウイルス対策ソフトも最新の状態を保つ必要がある．

- パソコン，タブレットやスマートフォンいずれのコンピュータにも，ハードウェアの基本制御を行うファームウェアが使用されている．アプリやソフトウェアと異なり，見かけ上便利になることはないが，セキュリティー等に問題が見つかった場合など，機器メーカーからアップデートの連絡が届くことがある．安全に使用するためには，最新の状態を保つ必要がある．

- ボットウイルスと呼ばれるコンピュータを外部から遠隔操作をすることを目的としたウイルスがある．これに感染すると，自分で送ったつもりのないメール等を知人に送ってしまうことがある．ウイルスを排除でき

ない場合はOSの再インストールが必要である．大切なデータは，パソコンから切り離した外付けハードディスク等にバックアップを取っておくとよい．
- パスワードには生年月日や電話番号，名前等容易に想像がつく文字列は使用しない．大文字小文字数字記号を混ぜた意味のないランダムな文字列が望ましい．意味のないランダムな文字列が浮かばない場合は，コンピュータに生成させることもできる．下記にパスワード・乱数自動生成サイトを公開しているので，参考にしていただきたい．

〈パスワード・乱数自動生成〉

http://pbdspace.kj.yamagata-u.ac.jp/password.html

メールやSNSによるコミュニケーションに関する主な情報モラルには下記の7点が挙げられる．
- 怪しいメールは開封・返信しない．表示するだけでウイルスに感染する場合もある．
- 無料であっても不確かな会員制SNSに登録しない．登録料が無料であってもサービス利用料などと称して不正請求が送られる場合もある．
- 通信会社等が提供する迷惑メール対策サービスを利用する．
- 依存に気を付ける．朝起きてから寝るまで，LINEなどで報告しあう使い方をしている場合もあるが，互いにSNS疲れに陥ったり，即レス症候群に陥ることになる．
- VDT症候群（Visual Display Terminal Syndrome）に気を付ける．身体的影響としては，眼精疲労・ドライアイ・視力低下・めまい・肩こり・頭痛・疲労感・腰痛などがあげられる．心の影響としては，うつ・人間不信・不安症・イライラ・攻撃性などが現れる場合がある．
- 肖像権・プライバシーに配慮する．自分が撮影した写真であっても，公開する際には，肖像権・プライバシーに配慮する必要がある．他人が写っていると，許可がない場合は肖像権侵害となる．友人宅で誕生会の写真を撮った時に，友人宅の洗濯物が写っている場合はプライバシーの侵害になる．また，リベンジポルノ事件（元交際相手への嫌がらせとして，

元の交際相手の裸の写真や動画を公開するなどの嫌がらせ行為）が起きる危険があるので，公開しないつもりであっても，安易に裸の写真などを撮影しない．

●チェーンメールの転送はしてはいけない．

チェーンメールは「幸福な手紙」「不幸な手紙」「善意の協力者募集型」に分類される．「不幸な手紙」に分類されるチェーンメールは，「この電子メールを 24 時間以内に 5 名に転送しないと不幸になる．また，下記の 5 名にお金を振り込み，次に回すときには自分の名前と口座を追加し，1 番上の人をはずした名前リストをつけて送るように．」などと書かれている．前半の文言だけであっても，「24 時間以内に 5 名に転送しないと不幸になる」と，転送を強要している訳なので，刑法第 223 条にある「強要罪」に該当する．強要罪に該当した場合には，3 年以下の懲役となる．後半のお金の振り込みに関する文言の部分は，ネズミ講にあたり，「無限連鎖講の防止に関する法律」により，開設・運営・勧誘の一切が禁止されており，犯罪行為として罰せられる．1 人が 2 人ずつ勧誘するだけでも，27 代目には日本の人口を越えてしまうことになり，ネズミ講として発覚する前までに振り込まれた人以外は損をすることになる．また，知らない人から回ってきたネズミ講のメールを他人に送ってしまったら，犯罪教唆として罰せられることもある．「善意の協力者募集型」には，「【拡散希望】急性白血病の患者を助けるために，RH（-）B 型の血液が必要になりました．○○病院（Tel：123-456-789）」のように，拡散させようとするチェーンメールもある．このメールを見て，全国の人が，特定の病院に一斉に電話をすると，特定の病院を混乱に陥れることになる．

メールだけでなく，Twitter や LINE などがチェーンメールに利用される場合もある．

(2) 炎　上

何気ない一言や，親切心で書き込んだことがきっかけで，炎上（Flaming）と呼ばれる現象が起きることがある．非難が殺到し収拾がつかなくなる状態である．掲示板が荒れないように，助言してあげようと書き込んだことがきっか

けで「偉そうにしている」「何様のつもりだ」などと，批判が起き炎上につながることもある．SNSや掲示板では文字だけのやり取りのため，誤解が生まれやすい．意図せず他人を不快にさせることもあれば，何か書き込みがあれば上げ足を取ってやろうと待ち構えている「荒らし」もいるので注意が必要である．「荒らし」にあおられても無視をするのが望ましい．

　情報を発信するときには，炎上が起きないよう細心の注意を払う必要がある．誰かに対する誹謗中傷や批判はもちろんのこと，反道徳的な行為の告白や自慢，無礼な発言や他人を見下した発言，価値観を否定したり，特定の考え方や宗教を押し付ける発言，強引な勧誘，過激な発言はしてはならない．さらに，社会に対する悪口，意見が対立しやすい政治や国家間の話題，感情的な発言，軽率な発言も控えるべきである．

（3）ネットいじめ

　文部科学省が2017年3月に改定した「いじめの防止等のための基本的な方針」の改訂の主なポイントは，加害者への着目と，ネットいじめに関する内容が具体的に明示されたことである．これまでの基本方針は，被害者が中心であった．そして，いじめ自殺が起きると，まるで被害者の生育歴を検証するかのように，根掘り葉掘り被害者の過去を探り，被害者遺族をさらに追い込むような行為が繰り返されてきた．

　たとえば，2015年10月5日「天童市立中学校に通う生徒の死亡事案に関する調査委員会」が作成した調査報告書の場合，被害者については幼稚園の頃の様子まで詳細に記載されていたが，加害者については，なぜいじめの行為を行ったのかについて述べられている部分は，本文134ページ中1ページにも満たない．全く検証されていないに等しい．

　ロンドンでの24年間の継続調査によれば，被害行為は世代継承しないが，加害行為は世代継承することが明らかにされている．つまり，いじめの加害者の親もいじめの加害経験を持つ確率が高く，いじめ加害者は家庭環境に問題を抱えている場合が多いのである．いじめの加害者がいじめ行為を停止し再発させなければ，即時解決となる．すなわち，いじめを解決するためには，まずい

じめの加害者が抱える問題を発見し，それを解決するための対応方針を定め遂行することが最も有効な対応となる．

いじめの加害者が抱える問題を発見するためには，当該生徒が，いつからいじめ行為を行うようになったかが大きな鍵となる．

なぜなら，全くいじめを行わなかった生徒が，ある時期を境にいじめの加害者へと豹変する場合がある．加害者の家庭環境に目を向けると，ちょうどその時期に親が再婚し，新しい父親からDVを受けるようになって苦しんでいたなど，家庭環境の変化がいじめの契機となっている場合もある．

ネットいじめは，LINEのグループなど閉鎖的な空間で行われるため，外から発見することは難しい．しかし，加害者の心の変化は，案外加害生徒のTwitterなどを追うことによって発見できる場合がある．例えば，楽しかったことを書き綴っていた生徒が，不平不満を書き連ねるようになったら要注意である．

「いじめの防止等のための基本的な方針」の改訂前は「ネットパトロールなど，インターネットを通じて行われるいじめに対処する体制を整備する」と，漠然とした記載にとどまっていた．LINEいじめなどは，当該生徒らが形成しているLINEのグループ内でいじめが行われており，ネットパトロールはほとんど機能せず，形骸化していた．

しかし，今回の改訂により，インターネット上のいじめは外部から見えにくく，匿名性が高い性質があるため，インターネット上に拡散した情報を消去することはきわめて困難であり，広範囲に深刻な影響をもたらすことが明示された．そして，インターネット上のいじめが重大な人権侵害に当たり，刑法上の名誉棄損罪や侮辱罪，民事上の損害賠償請求の対象となり得ることも追記された．指導方法に関しても，情報モラルを身につけさせるための教育の充実が追加された．

ただ，学校現場には「余分な時間」はなく，インターネット上のいじめを防止するための情報モラル教育を新たに盛り込むためには，時間を生み出す必要がある．時間をつくることができなかったから，かけ算の九九の指導は省略しましたという小学校はない．情報モラル教育を定着させるためには，かけ算の

九九のように，すべての学校で等しく実施されるよう，教科の学習指導内容として明確に盛り込むことが必要だろう．

　ネットいじめは匿名性が高く，拡散しやすく，可逆性を持つ．「見ないようにすればよい」という無責任な発言をする教員は少なくなったが，傍観者効果（bystander effect）の卑劣さを認識していない場合が多い．心理学者ラタネ（Bibb_Latané）とダーリー（John_Darley）らの傍観者効果に関する実験で，一人が発作を起こした時，その場に2名しかいなければもう一人が必ず助けようとするが，人数が増えるにつれ，助ける行動を起こさない人が増えるという実験結果である．つまりネット上では，誰かがいじめにあっていても，これを見ているのは自分だけではないという思いから，リアルないじめ以上に，抑止力が働きにくいのである．

　これを感覚的に体験していただくために，学校管理職やカウンセラーの方を対象とした講演で，「○○は万引きしたらしい」「生活保護なんだって」「参考書万引きして医学部受験かよ」という発言が続くタイムラインの次に，何か書き込むとしたらどう書き込むのか体験してもらった．流れを阻止する書き込みをするにはエネルギーが必要で，話を合わせるほうが楽という感想を得たことがある．

　さて，ネットいじめのパターンは，およそ5つに分けられる．

○既読無視・未読無視による仲間はずれ

　LINE等のグループに所属しているときに，何かのきっかけで，全員から無視をされて，何を書いても既読無視をされるネットいじめである．被害者が所属するグループでは一切コメントが流れなくなり，被害者を除いたメンバーで別のグループが構成され，そちらで情報交換がなされている場合もある．

○動画・画像拡散によるネットいじめ

　見られたくない写真や動画を撮り，SNS内のグループに公開されたり，誰でも閲覧できるインターネット上の掲示板やブログ等に，悪口と共に拡散されることもある．

○個人情報漏洩によるネットいじめ

　出会い系サイトなどに，本人の了解無しに，携帯電話番号やメールアドレスが書き込まれ，知らない人からの不快な誘いのメール等が送られるようになる嫌がらせである．陰湿な場合は警察に相談するとよい．

○デマ情報によるネットいじめ

　東日本大震災の後，原発の影響で転校した児童が，「原発がうつる」などといっていじめられる，いじめが起きたこともあった．根も葉もない嘘であってもネット上に書き込まれると，あたかも本当であるかのように，シェアされたり転送されて，瞬く間に多くの人に拡散されることもある．

○投票型のネットいじめ

　昔も，教室の黒板などに，「クラスで一番根暗と思う人は誰でしょう？」という質問が書いてあって，特定の人の名前があり，正の字がたくさんついている，といったいじめがあった．このようないじめが，最近ではネット上で行われることもある．投票サイトは，フリーのサイトで，子どもでも簡単に作れるようになっている．そのようなサイトに，学校で一番太っている子，ゲイっぽい男の子，性体験が多そうな女の子を投票する．

　具体的なネットいじめの背景や問題には，リアルないじめよりも根深い問題がある．わずかなスペースでは書ききることはできないので本書では割愛する．詳細は筆者のネットいじめに関する書籍[2]を参照していただきたい．

(4) ネット心中

　ネットで知り合った者同士が自殺を実行に移してしまうケースが多発した時期が2002年〜2003年頃にあり「ネット心中」などと命名されていた．1人での自殺は怖いが，インターネットで「心中相手」を求め，仲間となら自殺をしてしまう集団自殺が続発したのである．一連のメディアによる報道が，ネット自殺者を誘発しているのではないかという指摘もあり，自粛されるようになり，その後はあまり聞かなくなった．

　ネットで知り合った者同士の自殺事例を下記に示す．

2002 年 10 月 24 日東京都練馬区の無職男性（30）がインターネット上で知り合った大阪市内の会社員女性（32）とともに練炭で一酸化炭素自殺を図ったという報道あたりから続発するようになった．

2003 年 4 月 12 日午後 1 時ごろ，千葉県市原市大久保の林道で，若い男女 3 人が乗用車の中でぐったりしているのを，通りかかった男性が発見．午後 4 時 45 分ごろ到着した市原署員が，3 人の死亡を確認した．助手席の足元に七輪があったことから，同署は集団自殺と断定された．死亡したのは千葉市美浜区の大学生の男性（26）津市の会社員の男性（33）埼玉県川口市の栄養士の女性（22）．調べでは，死因は一酸化炭素（CO）中毒とみられる．ダッシュボードに手書きで「ほかには関係ない」と書いた紙が置いてあった．また，車内から睡眠薬の箱が見つかった．

2003 年 5 月 21 日群馬県上野村乙父の林道脇で 21 日午後，乗用車内で死亡しているのが見つかった若い男性 3 人のうち 2 人は，千葉県松戸市の無職男性（30）と東京都足立区の男性アルバイト店員（28）であることが 22 日，群馬県警の調べで分かった．他の一人は運転免許証から東京都杉並区の大学生（20）とみられ，県警は 3 人がインターネットで知り合い，集団自殺したと断定された．調べでは，杉並区の大学生のパソコンには「自殺する仲間を募集します」とのインターネット掲示板への書き込みが残っていた．鍵が掛かった車は内側から目張りされ，練炭と七輪があった．運転席に 1 人，後部座席に 2 人いた．死因は一酸化炭素中毒で 16 日に自殺したとみている．車は松戸市の男性のものだった．

2003 年 5 月 25 日には，京都市伏見区桃山町大島のマンションの一室で 24 日午後 9 時 55 分ごろ，男性 1 人と女性 2 人がベッドに横たわって死んでいるのを女性の家族の連絡で駆けつけた伏見署員が見つけた．部屋のドアは粘着テープで目張りされ，七輪が置いてあった．家族の話などから 3 人はインターネットを通じて知り合ったとみられ，同署は集団自殺したとみて調べている．

調べでは，死亡したのは，この部屋に住む無職の男性（30）と名古屋市内のアルバイトの女性（21），群馬県群馬郡内の無職女性（18）．3 人は洋室のベッドに並んで横たわっており，ベッドわきに木炭の入った七輪があった．死後数

日たっていて，いずれも一酸化炭素中毒死とみられる．残っていた携帯電話のメールの内容などから，府警は3人が20日ごろに互いに連絡を取り合って男性の部屋に集まり，自殺したとみている．室内のテーブルに男性の遺書があった．「俺(おれ)が死ぬのは，これからの世の中に悲観しているから」などと記され，借金を苦にしている記述もあったという．同署によると，京都市の男性と群馬県の女性は同月10日ごろ，別の男性とともに栃木県内で集団自殺をしようとしたが，怖くなった別の男性が警察に通報，同県警に保護されたという．それから1週間ほどして群馬県の女性が家出し，24日になって両親が「娘が京都に行っているかもしれない．男性の自宅を確認してほしい」と地元の警察を通じて伏見署に連絡し，同署員が部屋を訪ねたという．インターネットの掲示板の一つに，20日付で「今からやります．男1人女2人僕の自宅です．今，酒を飲みながら睡眠薬を飲んでいます．一酸化炭素中毒狙いです」という書き込みがあり，同署は男性が自殺をする際に書き込んだ可能性もあるとみて，パソコンのデータの解析などがなされたようだ．

　このころ，インターネットで「心中相手」を求めたとみられる集団自殺やその未遂は，2003年2月に埼玉県入間市であったのをはじめ，3月に三重，山梨，徳島で，4月には千葉，佐賀，5月も群馬県内ですでに2件あり，死者も20人を超えたと報道された．

　その後も，2003年6月6日午後1時10分ごろ，静岡県富士市大淵の山中で，ネットで知り合った男4人が集団自殺を図った．山菜採りの男性から「車の中に4人の男性が倒れ，死んでいるようだ」と110番があり，駆け付けた富士署員が，4人が死亡しているのを確認した．車内に練炭の燃えかすの入った七輪があり，4人のうち1人がパソコンに自殺をほのめかす書き込みを残していた．同署は4人がネットで知り合い，集団自殺した．調べでは，乗用車は「大阪」ナンバーで，4人は▽愛知県高浜市の会社員（36）▽埼玉県比企郡の無職男性（20）▽大阪府高槻市の会社員（20）▽東京都大田区の無職男性（24）と確認された．車の所有者の息子が高槻市の男性で，運転席に愛知県の男性が倒れ，後部座席に3人が座っていた．遺体はいずれも死後数日が経過し，車のドアは粘着テープで目張りされていたという．4人に目立った外傷はなく，一

酸化炭素中毒死と断定された．埼玉県の男性はインターネットのメールで自殺の方法や時期などについて打ち合わせをしたと見られており，「（自殺場所は）富士山の見える場所にしよう」「2日に新富士駅で会いましょう」といった記録もパソコンに残っていた．

　また，2003年6月20日，男（39）女（24）が，奈良県野迫川村の山中で，ネットで知り合ったと見られる無職の男女二人が軽自動車の中で死亡していたという事件があった．自動車の中には七輪があり，男性の携帯電話には自殺サイトの掲示板が表示されていた．

　ただし，ネットで知り合った人々が，七輪を引き込んで自殺する事件が多発したからといって，ネット上にある自殺に関するサイトが自殺を誘発したと見るのは短絡的すぎる．なぜなら，自殺に関する内容は保健所などの公的機関のサイトにも書かれているし，自殺を誘発しているとされる自殺サイトを見ても，自殺には結びついていない人々のほうが多いからである．ネットが自殺願望者同士知り合う機会を増幅させたという一面も否定できないが，ネット以外の手段であっても，彼らが団結する機会があれば，自殺した可能性がある．

　自殺をしたいと考える人同士知り合うことができたわけなので，心中ではなく，共に助け合って生きていく方向へコミュニケーションが発展すれば，ネット心中には至らない．

　臭いものには蓋をする，見ないようにするという発想でなく，落ち込んでいる人の書き込みにどのような助言が望ましいのか，どんなコミュニケーションであれば，生産性のある方向へ導くことができたのか，高等学校か大学等，社会に出る前の時期に，落ち込んでいる人とのコミュニケーションの取り方について議論する機会があるとよいだろう．

4. 個人情報と知的財産権

（1） 個人情報

　個人情報保護という言葉は，今では小学生でもよく知っている．知っていても，プレゼント応募サイト等に個人情報を安易に提供し，スパムメールを呼び

込んでいる場合も少なくない．

　その一方で，いじめなどの悪さをした子どもを指導するために，子どもにとっては尋ねられたくない都合の悪いことを，小学校の教員が尋ねると，「個人情報保護で教えられない」などといいわけし，指導上支障をきたすこともあるといわれている．これは，言葉だけが一人歩きし，個人情報保護法整備の背景や，意図が十分に理解されず，正しく浸透していないためである．

　近代国家において創設された法制度やそこで認められるようになった権利等の多くは，今なお厳しく遵守され，1文の改正すら大きな波紋を呼ぶ場合が多い．だが，昨今の情報化の進展は，近代国家において予測されておらず，新たな創設と最も大きな変容を遂げてきた唯一の法制度に，プライバシーや個人情報保護の制度化の課題がある．

　プライバシーの問題は，アメリカでは19世紀末近くになって起こり比較的長い歴史を有している．欧米諸国の具体的な法整備は，1970年代初めから個人データないしプライバシーを保護することを目的とする法律が制定されるようになり，1999年には，経済協力開発機構（OECD）加盟29か国中，27か国において法律が制定され，今日では，OECD加盟国以外の国々でも法律が制定されるようになってきている．

　その経緯は，まず，欧州のいくつかの国における個人情報保護のための規制の動きに対し，国際的なネットワーク化の進展に伴って個人情報の国際流通を求める要請が起こり，情報の自由な流通の確保とプライバシーの保護への配慮との調和を図ろうとする観点から，1980年にOECDの「プライバシー保護と個人データの国際流通についての理事会勧告」が出されたのである．この勧告は，加盟国に対する強制力を有するものではないが，加盟各国の国内法の中で考慮することを求めており，その付属文書「プライバシー保護と個人データの国際流通についてのガイドライン」のうちの第2部「国内適用における基本原則」で示された8原則（①収集制限の原則，②データ内容の原則，③目的明確化の原則，④利用制限の原則，⑤安全保護の原則，⑥公開の原則，⑦個人参加の原則，⑧責任の原則）は，我が国における個人情報保護を考える上でも重要なものとなったのである．

OECDの勧告を受け，EU（欧州連合）では，1990年に最初の個人情報保護に関する提案が出され，1995年に「個人データ処理に係る個人の保護及び当該データの自由な移動に関する欧州議会及び理事会の指令」として採択された．指令（Directive）は，規則（Regulation）のように構成国に直接適用されるものではないが，構成国を拘束し，3年以内に個人情報保護に関する法律の制定，又は改正を求めており，その第25条では，第三国が十分なレベルの保護措置を確保している場合に限って個人データの移転を行うことができる旨の制限を各国の国内法で定めるよう求めており，EU各国では，これに合わせた法律の整備等が進められた．その後，1997年には，EU個人情報保護に関する特別調査委員会「データ保護法とメディアに関する勧告」）が出され，加盟各国において，メディアに対するデータ保護法の適用のための立法的枠組みの全般的な再検討の必要が指摘された．指摘された点は，下記の3点であった．

○データ保護法は，原則としてメディアにも適用される．安全性に関する適用除外は認められない．
○適用除外は，表現の自由を危うくするような規定との関係でのみ認められるべきであり，またデータ主体のプライバシー権とのバランスを維持しつつ表現の自由の効果的な行使に必要な範囲でのみ認められるべきである．
○適用除外は，ジャーナリズム目的のためのデータ処理だけをカバーする．ジャーナリストやメディアによるそれ以外のデータ処理は，指令の通常のルールの適用を受ける．

その他，OECD加盟国（29か国）における個人情報保護法等に関する法律の名称（制定年月）に関しては，P135に示した．

法的対応の方式については，一つの法律で国・地方公共団体等の公的部門と民間企業等の民間部門の双方を対象とするオムニバス方式（統合方式）と，公的部門と民間部門とをそれぞれ別の法律で対象とするセグメント方式（分離方式）とに分けることができる．さらに，それぞれの部門について，特定の分野で保護措置を講じるセクトラル方式（個別分野別方式）がある．オムニバス方

式の立法例はヨーロッパ諸国に多く，セクトラル方式はアメリカに見られる．

さて，我が国では1960年代に入ってからようやく本格的に論じられるようになった．また，1960年代以降においては，コンピュータが情報を大量に処理することができるようになった「コンピュータ情報化社会」の位置づけで個人情報保護問題が議論され，1980年代以降においては，コンピュータ技術と通信技術の飛躍的発展とその結合によってネットワーク化が進展し，情報量が増大するとともにその流通が国際的にも盛んになってきた「ネットワーク情報化社会」の位置づけで議論されるようになった．つまり，時代背景とともに論じられる論点が少しずつ変容してきているという特徴が，基本的人権などの時代背景に左右されない揺るぎない法制度との大きな違いである．

今では，インターネットだけでなく衛星通信やアドホックネットワークなど新しいネットワーク技術の開発がますます進み，世界的規模のネットワーク社会の中で，個人情報の保護の必要性は以前にも増して急速に高まっている．さらに，ネットショッピングやネットオークション，スプリュームやセカンドラ

表5-3　個人情報保護基本法制に関するこれまでの変遷

〈昭和55（1980）年〉
9月　プライバシー保護と個人データの国際流通についてのガイドラインに関するOECD理事会勧告
〈昭和63年〉
12月16日　「行政機関の保有する電子計算機処理に係る個人情報の保護に関する法律」公布
〈平成6年〉
8月　我が国の高度情報通信社会の構築に向けた施策を総合的に推進し，情報通信の高度化に関する国際的な取組みに積極的に協力するため，内閣に内閣総理大臣を本部長とする高度情報通信社会推進本部が設置された．
〈平成10年〉
6月　高度情報通信社会推進本部の電子商取引等検討部会において，「電子商取引等の推進に向けた日本の取組み」がまとめられ，その中で，プライバシーの保護の必要性が以前にも増して急速に高まっている旨が指摘された．
11月　同推進本部において，「高度情報通信社会推進に向けた基本方針」が決定され，その中で，プライバシーの保護に関し，「政府としては，民間による自主的取組みを促進するとともに，法律による規制も視野に入れた検討を行っていく必要がある．」と指摘された．
〈平成11年〉
4月　基本方針のアクション・プランが決定され，電子商取引等推進のための環境整備のうちプライバシー保護に関して，個人情報保護の在り方を検討するため，平成11年

中に検討部会を設置することとされた．一方，近年，民間部門等において個人情報の流出や漏洩など不適正な取扱いの事例が明らかになり，社会問題化するケースが出てきたこと等を背景として，第145回国会における住民基本台帳法改正法案の審議過程において，民間部門をも対象とした個人情報の保護の必要性が強く認識されるに至り，政府としても，総理答弁において，個人情報保護の在り方について総合的に検討した上で，法整備を含めたシステムを速やかに整えていく旨の方針を明らかにした．

このような経緯から，平成11年7月，高度情報通信社会推進本部の下に個人情報保護検討部会が設置され，各省庁によるそれぞれの取組みの間の整合性を確保する必要もある点などを踏まえ，民間部門をも対象とした個人情報保護に関する法整備を含めたシステムを速やかに整えるとの観点から，政府全体として，個人情報の保護・利用の在り方を総合的に検討することとされた．

7月23日　高度情報通信社会推進本部「個人情報保護検討部会」初会合
11月19日　個人情報保護検討部会「我が国における個人情報保護システムの在り方について（中間報告）」
＊我が国の個人情報保護システムの中核となる基本原則等を確立するため，全分野を包括する基本法を制定することが必要である等．
12月3日　高度情報通信社会推進本部決定「我が国における個人情報保護システムの確立について」
＊個人情報保護検討部会中間報告を最大限尊重し，我が国における個人情報保護システムの中核となる基本的な法制の確立に向けた具体的検討を進める．
〈平成12年〉
2月4日　高度情報通信社会推進本部「個人情報保護法制化専門委員会」初会合
6月2日　個人情報保護法制化専門委員会「個人情報保護基本法制に関する大綱案（中間整理）」
10月11日　個人情報保護法制化専門委員会「個人情報保護基本法制に関する大綱」
10月13日　情報通信技術（IT）戦略本部決定「個人情報保護に関する基本法制の整備について」
＊「個人情報保護基本法制に関する大綱」を最大限尊重し，次期通常国会への提出を目指し，個人情報保護に関する基本法制の立案作業を進める．
〈平成13年〉
3月27日　「個人情報の保護に関する法律案」提出（第151回国会）
〈平成14年〉
3月15日　「行政機関の保有する個人情報の保護に関する法律案等4法案」提出（第154回国会）
12月6日　「与党三党修正要綱」公表
12月13日　「個人情報の保護に関する法律案」等審議未了廃案（第155回国会）
〈平成15年〉
3月7日　「個人情報の保護に関する法律案」等再提出（第156回国会）
5月30日　「個人情報の保護に関する法律」制定（法律第57号）
7月16日　「個人情報の保護に関する法律」改正（法律第119号）
〈平成17年〉
4月1日　「個人情報の保護に関する法律」施行

（http://www.kantei.go.jp/jp/it/privacy/houseika/houritsuan/ をもとに，一部筆者が修正・追記した）

イフやネットゲーム内でのRMTなどといった電子商取引，電子政府や電子自治体等の発展も著しく，ネットワーク社会の中において利便性の高い豊かな国民生活を実現していくためには自由な情報流通が不可欠であり，その前提として，個人情報については確実な保護が求められているのである．変遷は下表に示した．昭和63年（1988年）の「行政機関の保有する電子計算機処理に係る個人情報の保護に関する法律」の制定が，我が国では初めての制度化であり，公的部門（国の行政機関）のみを対象とするセグメント方式をとるものであった．地方公共団体レベルでは，平成11年（1999年）4月段階では，23の都道府県及び12の政令指定都市を含め，全国で1,529団体で個人情報条例が制定された．また，自主規制に関しては，1980年代後半からガイドライン等が策定されるようになり，行政機関が示すものとしては，通産省，郵政省のガイドライン及びJIS（日本工業規格）があるほか，いくつかの分野において事業者団体等が自主的に定めたガイドラインが策定され，認証制度に関しても，民間や一部の地方公共団体において実施されている．

　現在では，多くの議論が重ねられた末に，平成15年に制定された「個人情報の保護に関する法律」が平成17年4月1日から施行が始まり，現在運用されている．法律の内容を見ると，最大でも「6月以下の懲役又は30万円以下の罰金」であり，甘いのではないかという議論も一部ではある．

　例えば，不適正な個人情報の取扱い（漏えい等）が起きた場合は，図5-5の流れになる．当事者間で解決すれば裁判に持ち込まれることはないが，そうでなければ，規定の手続きを踏み「6月以下の懲役又は30万円以下の罰金」に至る．

　個人情報に関する苦情処理は，図5-6に示したように，それぞれの事業者が窓口となり，内閣総理大臣及び関係機関や国民生活センターや，事業者などが連携を取り，適切に対応する仕組みになっている．

　一方で，法律名だけが一人歩きをして，過剰反応や，必要な情報まで提供しようとしない人々も現れ，正確な認知が必要とされている．例えば，個人情報の第3者提供は第23条によって禁止されているが，以下のような場合はそれに該当しない．

第 5 章　AI 時代に必要な情報リテラシー＆情報モラル　*133*

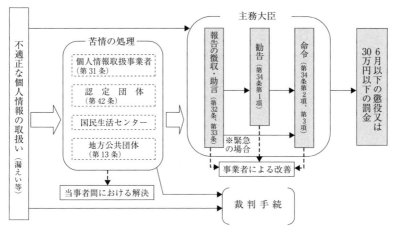

図 5-5　不適正な個人情報の取扱い（漏えい等）が起きた場合
出典：http://www5.cao.go.jp/seikatsu/kojin/kaisetsu/pdfs/tanpo.pdf

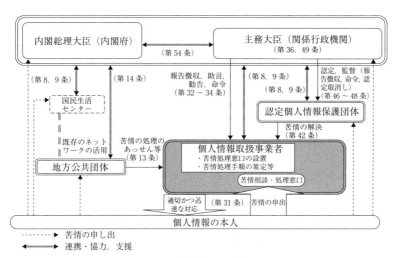

図 5-6　苦情処理の仕組み
出典：http://www5.cao.go.jp/seikatsu/kojin/kaisetsu/pdfs/kujyo.pdf

① 法令に基づく場合
　（例　警察の捜査関係事項照会，弁護士会の弁護士会照会に回答する場合）
② 人の生命，身体又は財産の保護に必要な場合
　（例　事故や災害時のような緊急時に負傷者の情報を家族に提供する場合や，児童虐待の実態など本人の同意を得ることが困難場合など）
③ 公衆衛生・児童の健全育成に特に必要な場合
　（例　疫学調査）
④ 国等に協力する場合
　（例　税務調査）
⑤ 委託先へ提供
　（例　データの打ち込みなど，情報処理を委託するために個人情報を渡す場合や，百貨店が注文を受けた商品の配送のために，宅配業者に個人情報を渡す場合など．ただし，個人情報取扱事業者には，委託先に対する監督責任が課せられる）．
⑥ 合併等に伴う提供
　（例　合併・分社化により，新会社に顧客情報を渡す場合や，営業譲渡により，譲渡先企業に顧客情報を渡す場合など．ただし，譲渡後も，個人情報が譲渡される前の利用目的の範囲内で利用しなければならない）．
⑦ グループによる共同利用
　（例　観光・旅行業など，グループ企業で総合的なサービスを提供する場合など．ただし，共同利用者の範囲，利用する情報の種類，利用目的，情報管理の名称等について，あらかじめ本人に通知し，又は本人が容易に知り得る状態に置かなければならない）．

この他，個人情報保護に関する法律については，内閣府や総務省や国民生活センターなどが情報提供をしており，最新情報は，これらのサイトでチェックすると良い．サイトのアドレスは，以下を参考にしていただきたい．

〈OECD加盟国（29か国）における個人情報保護法等に関する法律の名称（制定年月）〉

◎：官民双方を対象とした法律　○：公的部門を対象とした法律　●：民間部門を対象とした法律.

オーストラリア（Australia）
◎プライバシー法（Privacy Act）〔1988 制定 2000 改正〕
※ 2000 年の改正で，民間部門を対象に追加.

オーストリア（Austria）
◎連邦データ保護法（Federal Data Protection Act）
〔1978 制定 1994 改正〕

ベルギー（Belgium）
◎個人データの処理に係る個人生活の保護に関する法律
　（Law on the Protection of Privacy Regarding the Processing of Personal Data）〔1992 制定 1999 改正〕

カナダ（Canada）
○プライバシー法（Privacy Act）（1982 制定）
●個人情報保護及び電子文書法（Personal Information Protection and Electronic Documents Act）〔1999 制定〕

チェコ（Czech Republic）
◎情報システムにおける個人データ保護法（The Protection of Personal Data in Information Systems Act）〔1992 制定〕

デンマーク（Denmark）
◎個人情報の処理に関する法律（The Act on Processing of Personal Data）
〔2000 制定〕

フィンランド（Finland）
◎データ保護法（Personal Data Act）〔1987 制定 1994, 1999 改正〕

フランス（France）
◎データ処理，データ・ファイル及び個人の諸自由に関する法律
（Act on Data Processing, Data Files and Individual Liberties）
〔1978 制定 1994 改正〕

ドイツ（Germany）

◎連邦データ保護法（Federal Data Protection Act）〔1977 制定 1990 改正〕

ギリシャ（Greece）

◎個人データ処理に係る個人の保護に関する法律（Protection of the Individual Against Processing of Personal Data）〔1997 制定〕

ハンガリー（Hungary）

◎個人データ保護及び公的データのアクセスに関する法律（The Law on Protection of Personal Data and Disclosure of Data of Public Interest）〔1992 制定〕

アイスランド（Iceland）

◎個人データの登録及び処理に関する法律（Act Nr.121 Concerning the Registration and Handling of Personal Data）〔1989 制定〕

アイルランド（Ireland）

◎データ保護法（Data Protection Act）〔1988 制定〕

イタリア（Italy）

◎個人データの処理に係る個人等の保護に関する法律（Law on Protection of Individuals and Other Subjects Regarding the Processing of Personal Data）〔1996 制定〕

日本（Japan）

○行政機関の保有する電子計算機処理に係る個人情報の保護に関する法律（Act for protection of computer Processed Personal Data held by Administrative Organs）〔1988 制定〕

韓国（Korea）

○公共機関における個人情報保護に関する法律（The Protection of Personal Information by Public Organisations Act）〔1994 制定〕

ルクセンブルグ（Luxembourg）

◎電子計算機処理に係る個人データ利用規制法（Nominal Data（Automatic Processing）Act）〔1979 制定〕

オランダ（Netherlands）

◎データ保護法（Data Protection Act）〔1988 制定，1993 改正〕

ニュージーランド（New Zealand）
◎1993年プライバシー法（Privacy Act 1993）〔1993制定〕

ノルウェー（Norway）
◎個人データ登録法（Act Relating to Personal Data Registers）〔1978制定 1994改正〕

ポーランド（Poland）
◎データ保護法（Act on the Protection of Presonal Data）
〔1997制定〕

ポルトガル（Portugal）
◎個人データ保護法（1991制定 1994，1998改正）
（Protection of Personal Data Act）

スペイン（Spain）
◎個人データ保護法（Law on the Regulation of the Automated Processing of Personal Data）〔1992制定 1999改正〕

スウェーデン（Sweden）
◎データ法（Personal Data Act）〔1973.5制定 1992，1998改正〕

スイス（Switzerland）
◎連邦データ法（Federal Law on Data Protection）（1992制定）

トルコ（Turkey）
データ保護法案（Bill on Data Protection）

イギリス（United Kingdom）
◎1998データ保護法（Data Protection Act 1998）
※98年法制定に伴い，1984に制定した旧法を廃止

アメリカ（United States）
○1974年プライバシー法（Privacy Act of 1974）〔1974制定 1988改正〕

〈個人情報の保護に関する法律」に関する情報提供サイト〉
・ECOM（電子商取引推進協議会）民間部門における電子商取引に係る個人情報の保護に関するガイドライン

http://www.fmmc.or.jp/~fm/nwmg/keyword03/law/ecom.htm
・日本マーケティング・リサーチ協会（JMRA）マーケティング・リサーチ綱領　http://www.jmra-net.or.jp/
・全国学習塾協会個人情報の保護に関する法律についての学習塾におけるガイドライン　http://www.jja.or.jp/guide_c.pdf
・TRUSTe 認証機構　TRUST Children's 自己査定書（TRUSTe 認証機構は，米国で設立された非営利活動団体 TRUSTe と提携し，TRUSTe の個人情報保護プログラムを遵守するよう事業者向けの認証制度を運営している団体．）
http://www.truste.or.jp/
・内閣府 HP　「個人情報の保護」
http://www5.cao.go.jp/seikatsu/kojin/index.html

（2）知的財産権

知的財産権とは，「知的財産基本法」によって，知的創造活動によって生み出されたものを，創作した人の財産として保護するための権利である．「知的財産」及び「知的財産権」は，知的財産基本法において次のとおり定義されている．

〈参照条文〉知的財産基本法　第2条
1　この法律で「知的財産」とは，発明，考案，植物の新品種，意匠，著作物その他　の人間の創造的活動により生み出されるもの（発見又は解明がされた自然の法則又は現象であって，産業上の利用可能性があるものを含む．），商標，商号その他事業活動に用いられる商品又は役務を表示するもの及び営業秘密その他の事業活動に有用な技術上又は営業上の情報をいう．
2　この法律で「知的財産権」とは，特許権，実用新案権，育成者権，意匠権，著作権，商標権その他の知的財産に関して法令により定められた権利又は法律上保護される利益に係る権利をいう．

知的財産の特徴として，目に見える「もの」とは異なり目に見ない「財産的価値を有する情報」である点が挙げられる．情報は，容易に模倣されるという特質があり，模倣されたり利用されたりすることにより，知的財産が消費されることがないため，多くの者が同時に共有してしまうことも容易である．したがって，知的財産権制度は，元来自由利用できる情報を，社会が必要とする限度で自由を制限し，創作者の権利を保護するための制度である．我が国では，2002年7月に「知的財産戦略大綱」が政府より示され，「知的財産立国」の実現を目指し，産学官連携の推進，企業における知的財産戦略意識の変化，地方公共団体における知的財産戦略の策定等，様々な施策が進められている．

この知的財産権には，特許権や著作権などの創作意欲の促進を目的とした

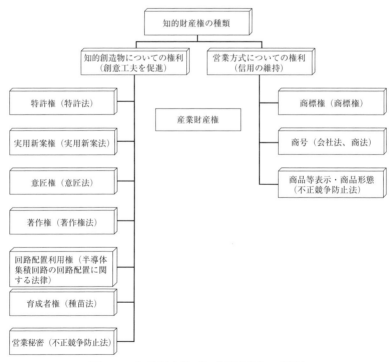

図 5-7　知的財産権（知的所有権）の種類
（特許庁 http://jpo.go.jp より）

「知的創造物についての権利」と，商標権や商号などの使用者の信用維持を目的とした「営業標識についての権利」の2種類に大別される．詳細は上図に示した．

知的財産権のうち，特許権，実用新案権，意匠権及び商標権の4つを「産業財産権」といい，特許庁が所管している．産業財産権制度は，新しい技術，新しいデザイン，ネーミングなどについて独占権を与え，模倣防止のために保護し，研究開発へのインセンティブを付与したり，取引上の信用を維持することによって，産業の発展を図ることを目的にしているのである．これらの権利は，特許庁に出願し登録されることによって，一定期間，独占的に実施（使用）できる権利となる．

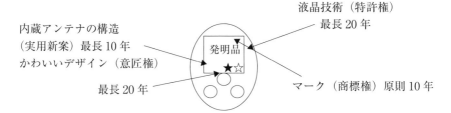

特許権（特許法）とは，目に見えない思想，アイデアを，制度により適切に保護するためのものである．発明者は，およそ出願から20年（一部25年）発明を保護されることになる．特許法第1条には，「この法律は，発明の保護及び利用を図ることにより，発明を奨励し，もつて産業の発達に寄与することを目的とする」とある．発明者が，自分の発明を他人に盗まれないように，秘密にしておこうとしていては，発明者自身もそれを有効に利用することができないばかりでなく，他の人が同じものを発明しようとして無駄な研究，投資をすることとなってしまう．そこで，特許制度は，こういったことが起こらぬよう，発明者には一定期間，一定の条件のもとに特許権という独占的な権利を与えて発明の保護を図る一方，その発明を公開して利用を図ることにより新しい技術を人類共通の財産としていくことを定めて，これにより技術の進歩を促進し，産業の発達に寄与しようというものなのである．

米国旧特許庁の玄関には，元大統領リンカーンの「特許制度は，天才の火に

利益という油を注いだ」(The patent system added the fuel of interest to the fire of genius) という文言が刻まれていることは，よく知られている．

　実用新案権（実用新案法）も，発案者のアイデアを，制度により適切に保護するためという目的に関しては，特許権と同じである．主に，物品の形状等の考案を，出願から10年間保護する．ただし，実用新案制度については，保護の対象が「物品の形状，構造又は組合せに係る考案」に限られる点で特許制度での保護の対象と異なる（例えば，方法は実用新案登録の対象とはならない）．特許法と実用新案法の保護対象の比較については，表5-4に示した．

　意匠という言葉はあまり日常では使われない言葉だが，日常用語で言えばデザイン，物品の外観のことである．物品の外観は，一見してだれにでも識別することができるため，容易に模倣することができ，不当競争などを招き健全な産業の発展に支障を来すおそれがある．そこで，意匠制度により，新しく創作した意匠を創作者の財産として保護する一方，その利用も図ることを定めて，これにより意匠の創作を奨励し，産業の発達に寄与しようというものである．意匠法第1条には，「この法律は，意匠の保護及び利用を図ることにより，意

表5-4　特許法と実用新案法の保護対象の比較

〈特許法の保護対象〉	〈実用新案法の保護対象〉
特許法第2条に規定される発明，すなわち，自然法則を利用した技術的思想の創作のうち高度のものを保護の対象とする．したがって，金融保険制度・課税方法などの人為的な取り決めや計算方法・暗号など自然法則の利用がないものは保護の対象とはならない．また，技術的思想の創作なので，発見そのもの（例えば，ニュートンの万有引力の法則の発見）は保護の対象とはならない．さらに，この創作は，高度のものである必要があり，技術水準の低い創作は保護されない．	実用新案法第2条，第3条に規定される考案，すなわち，自然法則を利用した技術的思想の創作であって，物品の形状，構造又は組合せに係るものを保護の対象とする．したがって，物品の形状等に係るものなので，方法に係るものは対象とならない．また，特許法の保護対象とは異なり，技術的思想の創作のうち高度のものであることを必要としない．

匠の創作を奨励し，もって産業の発達に寄与することを目的とする」とある．つまり，意匠権とは，主に物品のデザインなどを最長20年間保護するための権利である．

　意匠法の保護対象に関しては，意匠法第2条に規定されている．すなわち，物品（物品の部分を含む）の形状，模様もしくは色彩又はこれらの結合であって視覚を通じて美感を起こさせるものを保護の対象としている．また，画面デザイン（物品の本来的な機能を発揮できる状態にする際に必要となる操作に使用される画像）は物品の部分の形状，模様，もしくは色彩又はこれらの結合に含まれ保護の対象となるが，物品の外観に現れないような構造的機能は保護の対象とならない．なお意匠の創作は，特許法における発明や実用新案法における考案と同じく抽象的なものであるが，発明・考案が自然法則を利用した技術的思想の創作であり，特許法・実用新案法はその側面からの保護をしているのに対し，意匠法は，美感の面から創作を把握し，これを保護しようとする点で異なっている．

　著作権に関しては，次項で示すこととし，この他の権利に関して簡単に示す．回路配置利用権とは，半導体集積回路配置の利用を保護するものであり，登録から10年と定められている．育成者権とは，植物の品種改良を保護するもので，登録から25年（樹木30年）と定められている．営業秘密とは，ノウハウや顧客リストの盗用など不正競争行為を規制するものである．商標権とは，商品やサービスに使用するマークを保護するもので，登録から10年と定められている．商号（商法）とは，登録された「商号」を保護するものである．商品等表示・商品形態（不正競争防止法）とは，周知表示との混同，著名ブランドのただ乗り，商品形態のデッドコピー，原産地等の虚偽表示，ドメインネームの不正取得などを規制するものである．

（3）著作権

　著作権は，著作権法第1条に「この法律は，著作物並びに実演，レコード，放送及び有線放送に関し著作者の権利及びこれに隣接する権利を定め，これらの文化的所産の公正な利用に留意しつつ，著作者等の権利の保護を図り，もつ

て文化の発展に寄与することを目的とする.」と示されているように，著作者の著作物に対する権利を保護するものである．著作者の死後50年（共同著作物にあっては，最終に死亡した著作者の死後50年，法人は公表後50年，映画は公表後70年）を経過するまでの間，権利が保護される．

ただし，何が著作物といえるのか，というあたりに時々誤解が見られるようである．そこで，著作権法による著作物とはなにか，確認しておくことにする．

著作権法第二章　著作者の権利　第一節　著作物の項に，下記のように例示されている．

（著作物の例示）

第十条　この法律にいう著作物を例示すると，おおむね次のとおりである．

　一　小説，脚本，論文，講演その他の言語の著作物
　二　音楽の著作物
　三　舞踊又は無言劇の著作物
　四　絵画，版画，彫刻その他の美術の著作物
　五　建築の著作物
　六　地図又は学術的な性質を有する図面，図表，模型その他の図形の著作物
　七　映画の著作物
　八　写真の著作物
　九　プログラムの著作物

2　事実の伝達にすぎない雑報及び時事の報道は，前項第一号に掲げる著作物に該当しない．

3　第一項第九号に掲げる著作物に対するこの法律による保護は，その著作物を作成するために用いるプログラム言語，規約及び解法に及ばない．この場合において，これらの用語の意義は，次の各号に定めるところによる．

　一　プログラム言語　プログラムを表現する手段としての文字その他の記号及びその体系をいう．
　二　規約　特定のプログラムにおける前号のプログラム言語の用法についての特別の約束をいう．

三　解法　プログラムにおける電子計算機に対する指令の組合せの方法をいう．（昭六〇法六二・1項九号3項追加）
（二次的著作物）
第十一条　二次的著作物に対するこの法律による保護は，その原著作物の著作者の権利に影響を及ぼさない．
（編集著作物）
第十二条　編集物（データベースに該当するものを除く．以下同じ．）でその素材の選択又は配列によって創作性を有するものは，著作物として保護する．
　2　前項の規定は，同項の編集物の部分を構成する著作物の著作者の権利に影響を及ぼさない．（昭六一法六四・1項一部改正）
（データベースの著作物）
第十二条の二　データベースでその情報の選択又は体系的な構成によって創作性を有するものは，著作物として保護する．
　2　前項の規定は，同項のデータベースの部分を構成する著作物の著作者の権利に影響を及ぼさない．

上記に示すように，何が著作物であるかが，著作権法には明示してあるが，「事実の伝達にすぎない雑報及び時事の報道は，前項第一号に掲げる著作物に該当しない」など，意外に知られていないこともある．

利用に関しては，自由にコピー配布して良い「コピーOK」，障害者のみコピーして良い「障害者OK」，学校教育用のみコピーして良い「学校教育OK」などの，マークによっても，利用の範囲が決められている場合もある．

また，インターネット配信が容易になったことなどから，放送番組の二次利用に関して問題となり，文化庁では，放送事業者，番組製作者及び権利者のそ

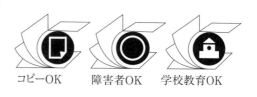

コピーOK　　障害者OK　　学校教育OK

れぞれの分野の有識者の協力を得て，「過去の放送番組の二次利用の促進に関する報告書（平成16年6月，過去の放送番組の二次利用の促進に関する検討会）」において，下表に示すルールの取り決めが行われた．

第 5 章　AI 時代に必要な情報リテラシー＆情報モラル　145

表 5−5　放送番組を二次利用する際の放送事業者及び番組製作者と権利者団体とのルールの現状

（平成 16 年 4 月現在）

権利関係者		番組販売（国内）												番組販売（海外）				ビデオ販売				インターネット配置			
		地上波放送			BS 放送			CS 放送			有線放送			NHK	民放各社 注1	番組製作者 注1		NHK 注2	民放各社 注1	番組製作者 注1		NHK 注2	民放各社 注1	番組製作者
著作物等の種類	権利者団体	NHK	民放各社 注1	番組製作者	NHK	民放各社 注1	番組製作者	NHK	民放各社 注1	番組製作者	NHK	民放各社 注1	番組製作者											
小説	日本文藝家協会	／	○	○	／	○	○	○	○	○	○	○	○	○	○	○	○	○	○	○	△	△	△
脚本	日本脚本家連盟	／	○	○	／	○	○	○	○	○	○	○	○	○	○	○	○	○	○	○	△	△	△
	日本シナリオ作家協会	／	○	○	／	○	○	○	○	○	○	○	○	○	○	○	○	○	○	○	△	△	△
音楽	日本音楽著作権協会	／	○	○注3	／	○	○注3	○	○	○注3	○	○	○注3	○	○	○注3	○注3	○注3	○注3	○注3	○注3	○注3	○注3
	日本芸能実演家団体協議会	／	△	−	／	△	−	△	△	−	○	○	−	○	○	−	△	△	−	△	△	△	−
実演	日本音楽事業者協会	／	−	−	／	−	−	−	−	−	○	○	−	○	○	−	−	−	−	△	△	△	−
レコード	日本レコード協会 日本芸能実演家団体協議会	／	○	−	／	−	−	−	−	−	−	−	−	−	−	−	−	−	−	−	−	−	−

備考
○……権利者団体と何らかのルール有り（使用料規程の適用を含む）
△……一部についてルールが有り、若しくはルール作りに向けて協議中
−……権利者団体とのルール無し
／……該当無し

注 1……BS、CS、有線放送会社を除く
注 2……NHK 子会社と権利者団体とのルールを含む
注 3……利用者において契約し、使用料規程を適用する

出典：過去の放送番組二次利用の促進に関する報告書 p16

補足：「二次利用」とは，放送番組の当初の放送（一次利用）後に行われる放送，有線放送，自動公衆送信（インターネット配信等），複製（ビデオ，DVD 製作等）等の放送番組の利用のことを言う．

映像の違法共有には，ファイル共有ソフト（Winny，WinMX）などの利用がなされ，ファイル共有ソフトの開発・利用者が処罰を受ける事件にも発展した．今後ますます映像配信の方法や手段は多様化することが予測され，ネットに関連した部分のルールや取り決めは，整備が進むものと思われる．

ファイル共有ソフトを利用した二次利用以外にも，正規のメディアを，違法にコピーした海賊版を販売する海賊版流通に関しても，まだまだ根本的な解決には至らない大きな課題である．

海賊版販売の実態と特徴については，主に4つの方法がある．

① 直接販売

秋葉原などの電気街で路上販売を行い，海賊版とは知らずに購入し，購入後に正規のユーザー登録をしようとしたときなどに海賊版と発覚する場合がある．また，CD が壊れていたなどの問題が生じても，連絡が付かない，などの問題もある．

② オークションサイトによる出品

インターネットオークションとは，事業者がインターネットを利用してオークションの場である「オークションサイト」を提供し，個人と個人が直接売買を行うサービスである．商品（新品または中古品）を売りたい「出品者」は，オークションサイトの出品ページに，商品についての情報（商品写真，商品説明文や最低落札価格，配送方法，入札期限日時など）を掲載し，出品ページを見た「購入希望者（入札者）」は，希望入札額を出品ページに入力して競り合い，入札期限において最も高い価格を提示した者が落札する．落札者と出品者は電子メール等で連絡を取り商品の取引を行う．インターネットの初心者でも簡単に出品・入札ができ，利用者も多いことから，海賊版販売の主流となっている．

インターネットオークションにおける出品されている商品が海賊版であるか否かは，購入するまでわからないことが多く，見極めが難しい．

③　ホームページ

　自分で開設したホームページや電子掲示板に海賊版のリスト（タイトルや売価），注文方法を掲載し，電子メールなどで注文を受けて販売する形態である．注文を受けると販売者は CD-R などに複製した海賊版を郵便や宅配便で送り，代金は銀行振り込みや代金引換郵便などで回収する方法が多い．

④　スパムメールによる押し売り

　インターネットユーザーの電子メールアドレスに無差別に海賊版のリスト，注文方法を書き込み，電子メールで注文を受ける方法を書き込んだ，スパムメールを送りつける方法もある．このような販売方法の中には，詐欺まがいのケースも少なくなく大変問題になっている．

　海賊版流通の難点は，出品したり，ネット上に書き込みを行うだけでは，プロバイダ責任制限法に定める要件（情報の流通による権利侵害の発生）を満たさない．さらに，広告行為のうち「海賊版の蓋然性が高い」というだけでは，公訴用件（刑事訴訟法　第256条）を満たさないため，規制を困難にしている．

刑事訴訟法

第256条　公訴の提起は，起訴状を提出してこれをしなければならない．

起訴状には，左の事項を記載しなければならない．

一　被告人の氏名その他被告人を特定するに足りる事項

二　公訴事実

三　罪名

公訴事実は，訴因を明示してこれを記載しなければならない．訴因を明示するには，できる限り日時，場所及び方法を以て罪となるべき事実を特定してこれをしなければならない．

（以下略）

海賊版流通には，三つの行為類型がある．

〈類型Ⅰ〉　広告行為者が海賊版を所持し，販売している場合

（注）この類型は頒布目的所持で対処可能

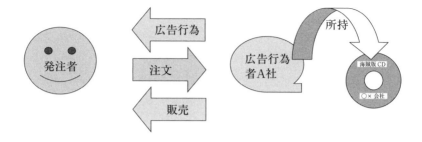

〈類型Ⅱ〉広告行為者と海賊版所持者が別人格で，広告行為者が受注を受け，販売する場合

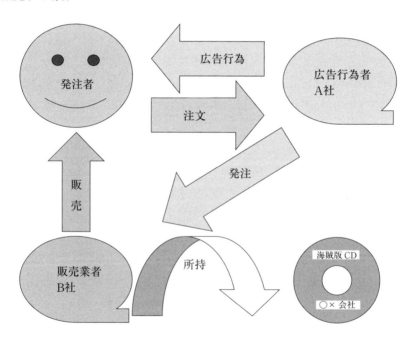

〈類型Ⅲ〉広告行為者と海賊版所持者が別人格で，所持者が受注・販売する場合

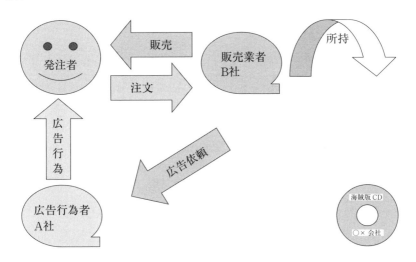

　類型Ⅰの場合は，販売者と広告行為者が同一のため，比較的取り締まりが容易であるが，類型Ⅱ類型Ⅲでは，広告行為者と販売者の関係が争点になる．特に，A社とB社が親会社子会社の関係であったり，同系列のグループ会社であったりする場合と，全く関係のない会社である場合によって，譲渡行為への関与・影響の程度等について別の評価がなされることになる．

　※　知的財産権に関しては，毎年のように改定がなされているため，必要な時にはその都度確認する必要がある．

参考サイト

http://www.bunka.go.jp/jiyuriyo

http://www.jpo.go.jp/seido/s_gaiyou/chizai02.htm

5. 人とAIが共生するために必要なAIモラルと制度

（1） AIモラル

昨今，AIの進展がめざましく，アルファ碁が世界で最も強い棋士の一人，韓国の李セドル九段に勝利したという話題が，取りざたされたこともあった．勝利の要因の一つとして，人が想定しなかった「AI独自の手」を編み出したと言われている．人や社会の役に立つ一方で，その弊害も顕在化してきた．例えば，MicrosoftのAI「Tay」は，悪意のあるユーザーたちによって人種差別・性差別・暴力表現を教えられてしまい「ユダヤ人は嫌いだ」などの，倫理的問題のある発言をするようになったため，実験を停止したという事件もあった．GoogleのAI自動車が交通事故を起こしたという失態もあった．

このような失態があると，必ずAIを敵視する人たちが出てくる．問題が露見し大きな社会問題化する前に，上手く共存していく道を，提示していく必要があるだろう．AIと共存するために必要な倫理的側面と対処方法の在り方がAIモラルである．

AIが組み込まれた機器は，すでに身近なところまで来ており，自発的に言葉を発する．身近なAIの一つにスマートフォンのアプリ「エモパー」がある．3つのキャラクター，けなげに頑張るエモパー「えもこ（女性）」，渋い声で語るエモパー「さくお（男性）」ブーブーつぶやくエモパー「つぶた（ぶた）」が用意されている．私のスマートフォンにいるのは，えもこである．目覚まし時計をセットし，朝目覚まし時計を止めると「二度寝しちゃいやですよ」などと注意をする．スケジュールや天気は自発的に教えてくれ，「いま最も検索されているワードは〜なんだそうですよ」「私，結構メンタル面強いんですよ」などと，何か意味ありげなことを，スマートフォンに突然つぶやかれ，驚くこともある．

エモパーが，天気やスケジュールを口頭で教えてくれる存在は，秘書のようで役立つ．しかし，もし伝え忘れたからと言って責任を取ってくれるわけではないので，絶対的な信頼はおいていない．実際，飛行機の予約がしてある2日

前に，「明後日，ひろこさんが飛行機で出かける先の名古屋の天気は，晴れで暑くなりそうですよ」と，尋ねてもいないのに教えてくれることもあるが，飛行機に乗る前日や2日前には何もスケジュールを語らず，搭乗直前に，スケジュールを口走ることもある．搭乗直前に教えてくれても，あまり役立っているとは言えない．もちろん，尋ねればスマートフォンに登録されているスケジュール通りに正しく回答してくれるが，自発的に教えてくれる秘書としては十分とは言えず，まだ遊びの域を出ていない．

　工業化の時代との決定的な違いは，スイッチのオンオフの全権を人が握っているわけではない点である．テクノロジー時代は，コインを入れるとボトルが出てくる，ボタンを押すと音が出るなどのように，制御関係が絶対であった．エアコンのスイッチを入れても作動していなければ，故障として処理された．まだ，AI搭載機器が気まぐれに，ネット上から拾ってきたことを口走る程度しか実現していないが，いずれは，エアコンのスイッチを入れても，利用者の健康を考え，「あまり冷やしすぎないほうがいいですよ」などとエアコンがつぶやいて，エアコンが作動しなかったり，「昨日フル回転して疲れたので今日はお休みします」と言って作動しないAI搭載機が誕生する時代になるかもしれない．AI搭載機は，特にユーザーが細かい設定をするわけではなく，主にユーザーの好みを徐々に学習していくが，インターネット上からも学習していく．持ち主が教えなかったとしても，インターネット上の不特定多数の誰かが差別的な用語や，持ち主が言われたくないことをAIに教え，AIが口走ってしまう危険もある．それ故，開発者やメーカーのAIモラルが問われると同時に，インターネット上に無数にいる不特定多数の人々のAIモラルも必要になってくる．

　差別的な用語をマイクロソフトのTayに誰が教えたのか，特定されていない．AIの学習方法の作りこみ方によっては，特定の誰かが恣意的に教えていなくても，AI自身がインターネット上を探索して，特定の言葉や概念，思想を学ぶ可能性がある．持ち主が知らない間に，AI自身がテロリストの思想を学んでしまうかもしれない．そのとき，AIには一定の義務と責任とモラルを求めたいところだが，機械に責任を取る能力はない．開発者やメーカーの責任

をとれる範囲にも限界がある．だが AI が学ぶ範囲は，持ち主や直接かかわる人々の言動以外は，すべてインターネット上と限られている．今以上に，インターネット上に書き込むときの人々の情報モラルが問われる時代になる．AI モラルも究極のところは人の情報モラルである．これまでの情報モラルは，個人を守るための視点が中心であったが，これからの情報モラルは，不特定多数の AI が発信情報を学習しても，害を及ぼす人はいないのかよく考えて発信しなければならない．これまで以上に高い意識レベルの情報モラルが問われる時代になるであろう．

（2） 人と AI が共生するために必要な制度

　労働のあり方に関して，多くの人々は，危険な仕事や末端の仕事，単純労働が AI 置き換わることを期待しているが，費用対コストの側面から，末端の仕事が置き換わるには時間がかかる．安い労働力で賄える人の労働を高価な AI ロボットに置き換えることは割が合わないからだ．生卵をうまく割ったり，高齢者のおむつを替えたり，一人一人のニーズに合わせて入浴介助をしたり，上手に爪を切ることのできるロボットはまだ完成していないし，そういった繊細なロボットを作成するには莫大な費用がかかる．むしろ，中間管理職的なホワイトカラーの仕事が，真っ先に AI に置き換わるだろう．ホワイトカラーに迫る危機については『ロボットの脅威－仕事のなくなる日』（マーティン・フォード著）や『機械との競争』（ブリニュルフソンとマカフィー著）の中でもそのように指摘されており，現実のものとなるのはそれほど遠い将来の話ではないだろう．それゆえ「共生していく道」を，教育の側面，法律の側面，経済の側面，行政の側面，社会システムの側面から，きちんと整えていけば，混乱は起きない．だが，制度が後追い状態になるのは，いつの時代も同じである．

　かつて，テクノロジーの発展が急速であるために，社会制度が追いつかないという事態は，高度成長期の頃にも起きていた．当時工業化が急速に進む中，工場で働く大量の人材が必要となり，東北地方などの青少年は「金の卵」ともてはやされ，高校へ進学するよりも，義務教育を終えると，就職列車に乗って，

京浜工業地帯や阪神工業地帯，中京工業地帯等の工業地帯へ働きに行った時代があった．しかし，当時は社会制度はほとんど整備されておらず，当時の多くの労働者らは定年を迎えると同時に『下流老人　一億総老後崩壊の衝撃』（藤田孝典著）に指摘されているような問題を引き起こしている．

当時の労働者の人々は，そのような問題が起きることは全く想定せず，保証制度が必要だという考えすら全くないままに就職列車に飛び乗ったと思われる．しかし，一部のトップクラスの役人らは，このような事態に陥ることは薄々わかっていても，何の手も打ってこなかった可能性がある．市民レベルでできることには限界があり，30年先50年先を見通した制度づくりも必要である．

どのような制度が必要なのか，世界中で，様々な試みがなされている．2016年6月には，スイスでベーシックインカムの制度に対する投票が行われた．ベーシックインカムとは，給料や財産の額に関係なく無条件に国民全員にベーシックインカム（一定の収入）を支給することで，全ての人が尊厳のある生活を送りながら社会的活動に参加できる制度である．実現すれば，AIに仕事を奪われても，最低限の生活は保障され，ゆっくりと次の道を選ぶことができるという施策であったが，23％しか賛成は得られなかった．ロシアの革命家レーニンが社会主義を実践する上で守らないといけない掟として使った言葉「働かざる者食うべからず」という考えが，スイスに限らず，多くの国の人々の根底にあり，ベーシックインカムを実現させることが，労働意欲の減衰につながると考えたのだろう．スイスの投票で最も賛同を得られなかった理由は，財源や支給額の見通しが不明瞭であり，立法機関にゆだねるとあいまいになってしまうという点であろう．毎月給与から引かれる税金を快く思っていない給与所得者の多くは，税金のUPにつながるかもしれないベーシックインカムの制度に賛同できなかったのだろう．

最近の日本の若者の多くは自分の時間を大切にする傾向にあり，自己犠牲を強いる会社に人生をつぎ込むような生き方には否定的である．クレディ・スイスと世論調査機関gf.bernが行った2013年の若者の意識調査[3]によれば，16歳から25歳までのスイスの若者は，そこそこ稼げれば，大金持ちにならずと

も幸せに暮らしていけると信じているという調査結果が報告されている．そのような若者を知る多くの上の世代の人々は，ベーシックインカムを実現させたら，若者をますます堕落させると考えるかもしれない．制度の発想は素晴らしいが，実現には一歩手が届かない．

　ホワイトカラーの仕事がAIに置き換わる時代に起きる問題の克服は，新しい雇用への見通しを明らかにすることである．人とAIが共生するために必要な制度のビジョンは，まだ確立されていないが，情報化社会の延長であることは間違いない．AIモラルは情報モラルの延長であり，AIリテラシーは情報リテラシーの延長である．必要となるスキルは時代とともに変化していくが，身体的な感覚は一生ものである．想定しえなかった場面で必要な情報を収集し，情報を咀嚼し読み取る力，検索エンジンのトップに検索される情報に惑わされることなく正しい判断ができる力，不特定多数の人々へ配慮した情報モラルが今後ますます重要となるであろう．

■これだけは押さえておこう　情報リテラシー＆情報モラルで必要な基礎知識用語集

　情報リテラシー・情報モラルに関する用語で，本文の中であまり触れることのできなかった用語を以下に解説する．

○電子メール

電子メール（(E-maill/electronic mail)

　インターネットなどのコンピュータネットワークを介してネットワークの端末同士が送受信する手紙のこと．文字データの送受信だけでなく，MIME機能を使って文書，画像，音声および動画像などのファイル転送が可能である．

CC（carbon copy）

　電子メールを本来の宛先の他にも送信する同報送信機能のこと．送信される電子メールの先頭（ヘッダ）には，CCで指定した他の送信先も表示される．本来は，カーボン紙を使ってコピーを取るという意味である．

BCC (blind carbon copy)
同報送信機能としてCC（Carbon Copy）と同様の機能であるが，電子メールのヘッダにBCC欄で入力したメールアドレスが表示されない点がCCと異なる．

POP (post office protocol)
インターネット上で，ユーザの計算機（メールクライアント）が電子メールを保存しているホスト（メールサーバ）から電子メールを受信するためのプロトコルのこと．POPは受信専用で送信する機能を持たないため，送信には別のプロトコル（たとえばSMTP）を用いる必要がある．

SPAM
インターネットを利用したダイレクトメールのことで，公開されているWebサイトなどから手に入れたメールアドレスに向けて，営利目的のメールを無差別に大量配信すること．トラックバックスパム（ブログに対する迷惑広告など），IMスパム（インスタントメッセージによる迷惑メッセージ），検索エンジンスパム（検索サイト・検索エンジンの検索結果に働き掛ける行為）などに分類される．「SPAM」の語源は，Hormel Foods社の味付け豚肉の缶詰の商品名であったが，イギリスのコメディー番組のコントの中に，欲しくない缶詰「SPAM」をレストランで注文しなければいけなくなる場面があり，その場面に由来する．ジャンクメール（junk mail），バルクメール（bulk mail）ともいう．

○コンピュータ

ビット（bit）
2進数（binary）の数字（digit）の略としてbitという造語が生み出された．コンピュータで扱うデータの最小単位のことである．ディジタル回路では0と1の状態は，一般に電圧が印加されている，またはされていないことで表わされる．1bitは一けたの2進数と同じで0と1の2種類のデータ表現が，2bitでは00，01，10，11の4種類の表現が可能になる．

CPU（central processing unit）
　コンピュータのなかで演算と制御を行う本体部分で，中央処理装置のことである．演算命令や入出力命令を実行しコンピュータ全体の動きを制御する．

マザーボード（mother board）
　CPUと主記憶装置および周辺装置接続のためのソケットを搭載した基板．

OS（operating system）
　コンピュータシステムの動作を総合的に管理するオペレーティングシステムのこと．メモリやディスク装置などのシステム資源を管理したり，プロセス管理，スケジュール管理，通信の管理などを行い，さまざまなアプリケーションの動作を調停したりする役目も果たす．

ソフトウェア（software）
　システムを構成する情報の部分のことで，コンピュータでは，システムの構成要素を機械部分であるハードウェアと，情報であるソフトウェアの区別がなされる．

BIOS（basic input output system）
　OSからの動作命令を受けてデータ入出力の具体的な動作を制御するソフトウェア．バイオスと発音する．

ショートカットキー（shortcut key）
　ショートカットとは近道のことで，複数のキーを組み合わせて同時に押すことにより，特定のコマンドを呼び出す機能のこと．Ctrl+cがコピー，Ctrl+xが切り取り，Ctrl+vが貼り付けなどのように，ショートカットキーにより頻繁に使用する機能を素早く実行することができる．

GUI（graphical user interface）
　グラフィックを利用した表示（データをアイコン化した表示など）と，それを指定して入力する方式のユーザインタフェースで，マウス等のポインティングデバイスで指示して入力する．コマンドで操作するCUIに比べ直感的な操作が可能であるのが特徴である．

アプリケーション（application）
　アプリケーションソフトあるいはアプリケーションプログラムの略称であ

り，実際の業務に適用される計算機のプログラムのこと．

ディレクトリ (file directory)

ディスクにあるファイルの管理をする帳簿のこと．UNIXではファイルは階層構造で管理され，その階層をディレクトリとも呼ぶ．最上部のディレクトリ（ルートディレクトリ）の下に複数のディレクトリ（サブディレクトリ）を作ることができ，さらにその下へとディレクトリを作成することができる．現在作業中のディレクトリ（カレントディレクトリ）にあるファイルはファイル名だけを指定することで使用できるが，違うディレクトリにある場合はルートからそのファイルのあるディレクトリまでを「パス」として記述し，実行する．

API (application program interface)

OSとアプリケーションソフト間の共通インタフェースのこと．

RAID (redundant arrays of inexpensive disks)

複数のハードディスクを一台とみなし管理する技術のこと．レイドと読む．

HTML (Hypertext Markup Language)

WWWホームページを記述する言語のこと．HTMLの特徴は表示したい文書の中にその文書構造を規定する命令（タグという）を埋め込むことができる．

UNIX (UNIX)

米国のAT＆T社ベル電話研究所により1970年代初期に開発された時分割多重処理用のOS．

TRON (the realtime operating system nucleus)

東京大学の坂村健氏が提案した標準化リアルタイムOSのこと．マイクロプロセッサのOSを標準化することにより，種々のパーソナルコンピュータのファンクションキーの用法や指令内容を統一化する．

無停電電源装置 (uninterruptible power supply, UPS)

停電時にコンピュータ等の重要な機器の電源を一時的に供給する保護装置である．瞬間的な電圧低下（瞬断）による影響も防ぐだけでなく，より長時間の停電時にもバッテリーにより電源を供給する．

USB（universal serial bus）
低速，中速向けの直列データ（シリアル）転送規格のこと．

○通信／ネットワーク
インターネット（Internet）
世界中のネットワークを接続したネットワークのこと．アメリカ軍によって，第2次世界大戦にも使われたが，日本では1984年にJUNETが発足し，1986年に国際接続され，1988年にWIDEプロジェクトが始まった．そして1992年に商業利用が認められ，1994年にはJUNETが解消され，JPNICにドメイン名やIPアドレスの割当・管理の業務が引き継がれた．

WWW（world wide web）
いわゆるインターネット上の「ウェブ」のこと．

URL（Uniform Resource Locator）
インターネット上のサイトの住所を指示する表記．アクセスするためのプロトコル名と，サイトをつないで記述する．

プロトコル（Protocol）
計算機の通信を行うときに必要となる取り決めのこと．

IP（Internet Protocol）
インターネットにおいて，コンピュータ同士のパケット通信で用いられる通信手順のこと．IPアドレスの付与体系IPv4（Internet protocol version 4）では，IPアドレスとして32ビットの数値を割り当てる．IPv6（Internet protocol version 6）では，IPアドレスとして128ビットを割り当てており，IPv4に比べてアドレス不足の解消，セキュリティの向上，高速・大容量伝送への対応，リアルタイム通信とマルチキャスト通信への機能強化が図られる．IP電話など，電話回線として用いられることもある．

DHCP（dynamic host configuration protocol）
TCP／IPプロトコル群の一つ．IPアドレスの割り当てやルーティングを動的に行うプロトコル．IPアドレスを持っていないクライアントに対しては，使用期限を付けて一時的に割り当てられる．

DNS(domain name system)
TCP／IPにおけるドメイン名とIPアドレスとの変換システムのこと．ドメイン名とIPアドレスを相互変換するためのデータベースで自動的に更新されるようになっている．

TELNET(TELNET)
TCP／IPにおける遠隔コンピュータ操作用プロトコルのこと．ネットワークに接続されたコンピュータにログインして，プログラムの実行やファイル操作が行える．UNIXでこれを実行するときのコマンド名もtelnetとなっている．

proxyサーバ(proxy server)
インターネットに接続されたLANで，通信を代行するサーバのこと．

HTTP(Hyper Text Transfer Protocol)
ハイパーテキスト転送プロトコルのこと．

LAN(local area network)
近距離にある複数の計算機を接続するローカルなコンピュータネットワークのこと．学校・家庭・企業内やビル内で情報を交換したり共有するために用いられることが多い．

WAN(wide area network)
広域で長距離を結ぶネットワークのこと．

イントラネット(intranet)
企業内に特化してネットワークサービスを提供するためのネットワークのこと．

イーサネット(Ethernet)
バス型LANの一方式のことで，IEEE802.3として標準化された．

イーサネットスイッチ(Ethernet switch)
ローカルエリアネットワーク(LAN)のセグメントを複数のセグメントに分割するスイッチのこと．イーサネットでは多重アクセスが禁止されており，ノードが増加すると輻輳が生じる．イーサネットスイッチでひとつのセグメントを複数のセグメントに分割することにより，セグメントは他のセグメントの

干渉を受けなくなる．またセグメント間でデータを交換するときは，スイッチがセグメント同士をダイナミックに接続するため，伝送効率が向上する．

FDDI（fiber distributed data interface）
1982 年米国規格協会が標準化を進めている高速トークンリング方式光ＬＡＮの規格．光ファイバを通信回線に用いたインタフェースの一種で，プロトコルとして，トークンパッシング方式を高速化したアペンドトークンパッシング方式を採用している．

ADSL（asymmetric digital subscriber line）
通常の電話線（メタリックペア線）を用いた高速のデータ通信方式のこと．電話局から加入者間への伝送は高速で，その逆は低速となるサービスを提供するので，非対称形データ伝送と呼ばれる．

ISDN（integrated services digital network）
ディジタル回線網による統合サービスのこと．ディジタル回線そのものをさす意味で用いる場合も多い．電話，FAX，データ通信をディジタルデータとして同じ回線で，しかも同時に通信できるのが特徴である．

NAT（network address translation）
プライベートアドレスとグローバルアドレスのネットワークアドレス変換機能のこと．

Bluetooth（Bluetooth）
携帯情報機器とパーソナルコンピュータを短距離において無線通信させるための技術のこと．

アドホックネットワーク（Ad-hoc Network）
自立分散型無線ネットワークとも言われる．アドホックネットワークでは，広くコンピュータ等の無線接続に用いられている IEEE 802.11x などの技術を用いながら多数の端末をアクセスポイントの介在なしに相互に接続する形態（マルチホップ通信）を取っている．このため，アドホックネットワークでは中継器や基地局やアクセスポイントが不要となり，このようなインフラを持たない場所で安価にネットワークを構築することができる．中継器を利用しない無線では Bluetooth が広く利用されているが，半径 10m 程度しかカバーでき

なかった．一方，アドホックネットワークでは，半径100mのエリアで利用が可能であり，端末自体が中継器の役割を果たし，100mごとに端末の利用者がいれば，通信距離をいくらでも延長することが可能であるという特徴を持つ．端末にバッテリーさえ積んでいれば，全く何のインフラもない草原や砂漠などの空間であっても，ネットワークを構築できる．電送を担う途中の端末の1台が移動しても，別の端末を中継して再編成が自動で為される．アドホックネットワークの特徴は，主に以下3点であり，利用のイメージ図を図5-10に示した．図5-10では送信端末T（transmission）が中継端末AとBを介することによって，受信端末R（receive）までデータを転送している．

■アドホックネットワークの特徴
特徴1：自己編成機能
　　　　管理者なしにネットワーク形態を編成できる．近くの接続可能な端末を見つけ再編成することができる．端末の移動に伴い経路情報を変化させることができる．

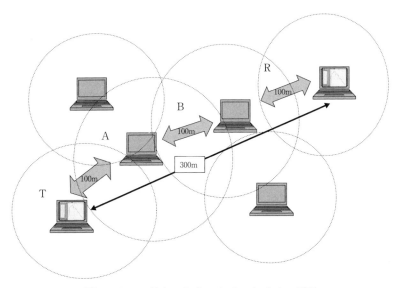

図5-10　アドホックネットワークイメージ図

特徴2：多様な適応性
　　　　端末を検出して通信に必要なハンドシェイクを行い，情報・サービスを共有できる．アドホックネットワークの一形態であるセンサネットワークとして，通信能力とストレージ能力を持つマイクロセンサ（スマートダストなどの）端末を利用することにより，センサは特定のノードに収集したデータを無線で定期的に送受信可能となる．
特徴3：インフラレス
　　　　固定の無線基地局・中継器・電話線・固定ルータが不要である．

○電子商取引（e-business/e-commerce）

電子マネー（electronic money）

流通している通貨価値をディジタル電子情報に置き換えた貨幣のことで，セカンドライフ内で利用できるリンデンドルなどがそれにあたる．eキャッシュ（e-cash）ともいわれる．

電子商取引（electronic business/electronic commerce, EC）

インターネットなどのコンピュータネットワークを通じて，受発注から決済までを行う商取引形態のこと．オンラインで商品を売買することを意味するが，広義にはインターネットを利用した通信販売も含まれる．取引形態として，企業間取引のB to B，企業と消費者間取引のB to Cがある．

B to B（business to business）

企業間の電子商取引．受発注から決済まで，企業同士の取引をすべてコンピュータネットワーク上で行う取引形態．CALSや電子データ交換（EDI）など，企業間の取引に必要な情報を電子的に交換するための規格が策定されている．現在の電子商取引市場のほとんどはこの形態が占めていると言われ，今後大いに発展する分野として期待されている．B2Bと表記されることもある．物品だけではなくビジネス用アプリケーションや様々なデータも取引の対象となっている．

B to C（business to consumer）

電子商取引の形態の一つで企業と消費者間の取引．インターネット上に商

店を用意して，消費者に商品を販売するオンラインショップが最も一般的である．2000年には，大手コンビニエンスストアがこの市場に参入し，話題を集めた．消費者を獲得するため，インターネット商店を集積し「バーチャルモール」を形成することが多い（楽天市場が有名）．B to Cで取引されるものとしては，パソコンや産地直送食品などが多い．書籍のB to Cを早い段階から始めた「アマゾンドットコム」は世界的に有名な企業である．

POSシステム（point of sales system）

販売時点管理システムのことで，商品を販売した時点で，そのデータを入力し，素早く集計や受発注が行えるようにする情報システムのこと．販売した商品の入力ではバーコード（JANコード）を用い，端末機能付きレジで会計とともに入力を行い，集計をストアコントロールで行う．商品の売れ行きを管理するために，効果的な商品の仕入れや発送が可能となり，売れ残りや欠品を少なくできる．

○情報モラル／セキュリティー

ネチケット（netiquette）

ネットワークの利用者が心がけるべきエチケットやガイドラインのこと．

セキュリティホール（security hole）

プログラム設計上のミスなどが原因でシステムに生じたセキュリティ上の弱点のこと．セキュリティーホールがあると，WWWサーバ上のHTMLファイルの改ざん，ハードディスクの内容の消去，個人情報が盗まれるなどの被害が起きやすい．

コンピュータ・ウイルス（computer virus）

オペレーティングシステムやアプリケーションなどに付着し，システムの一部となり，データの破壊や変更など，何らかの被害を及ぼす目的で作成された悪性のプログラムのこと．特定のプログラムやファイルの中に埋め込まれた形でコンピュータシステムの中に入り込み，予想外の動作をする．自己伝染機能，潜伏機能，発病機能を持つ．ネットワークやUSBメモリなどのメディアを通じて伝搬するが，電子メールの添付ファイルとしてばらまかれることが多い．

単にウィルスと呼ぶこともある.

トロイの木馬（Trojan horse）

普通のプログラムのように装っているが，コンピュータ内のデータやシステムの破壊を目的としているプログラム.

ファイアウォール（fire wall）

インターネットにおけるセキュリティ機能のことで，組織内ネットワークと組織外ネットワークの間に設置して，内と外の接続を保ったまま，組織外ネットワークから組織内ネットワークへの侵入者を防いだり，組織内ネットワークへの妨害活動を食い止める役割をするシステムである.

P2P（Peer to Peer）

Peer to Peer の to を 2 に置き換えて，ピアツーピアと呼ばれている．ネットワークに接続されたパソコン同士が直接通信して，データをやりとりすることである．P2P の技術を利用したファイル交換ソフトには，音楽配信を中心とした Napster（ナップスター），会社と自宅のパソコンでデータを共有することによく使われる Folder Share（フォルダーシェア），開発者や利用者が逮捕されるという事件に発展した Winny（ウィニー），WinMX（ウィンエムエックス）などがある.

クラッキング（Cracking）

"Cracking" は "Crack" の動名詞形であり，英語で「割る」「ヒビが入る」などの意味があり，不正にデータやプログラムにアクセスしたり，破壊などに伴い，悪意のあるハッキングのことである．ハッキングとはコンピュータやソフトウェアの仕組みを，研究・調査する行為であり，行為そのものに悪意はない．クラッキングとよばれる攻撃には以下の手口が有名である.

ポートスキャン（Port Scan）

ターゲットとなるホストに対して通常のネットワークサービス利用者を装い，特定のポートに通信交渉を行うことで，そのホストで動作しているネットワークプログラムの内容やバージョンを知ること．そのホストのもつ脆弱性を知ることができる.

パケット盗聴（Sniffing）
ネットワークを流れているパケットを盗聴する．使用しているコンピュータやソフトウェアの調査や，ユーザＩＤやパスワードを知ることができる．

パスワード解析（Password Cracking）
他人のパスワードを探し出すこと．認証プログラムにユーザIDと推測されるパスワードの組み合わせを問い合わせる，暗号化されたパスワードを入手して逆算するなどして，正しいパスワードを導き出す．

バッファオーバフロー（Buffer Overflow）
ネットワークプログラムに処理不可能なほど大きなデータを送り，誤動作を起こさせることで，管理者権限の乗っ取りや，機密情報の入手，不正なプログラムの送信・実行をさせる．セキュリティホールへの代表的な攻撃法．

Dos, DDos（Denial of Service, Distributed DoS）
サービス不能攻撃と呼ばれ，サーバに大量の接続要求を送りつけることで，サーバを負荷過多でダウンさせたり，正当な接続要求を拒絶させる攻撃のこと．

バックドア（Back Door）
不正なアクセスを行った後，管理者にわからないよう偽装した，攻撃者のみアクセス可能なプログラムを動作させること．以降のアクセスは管理者にわかりにくくなる．

ログ改ざん
なりすましなどによる不正アクセスは，システム内にログという形で記録されるため，その足跡を消すために，ログを操作する行為．

ソーシャル・エンジニアリング（social engineering）
コンピュータやネットワークに施されたセキュリティに技術的な解析を行って不正侵入を行うクラッキングに対して，現実社会のルールや慣習を利用することで，不正侵入のための手がかりを得ることである．ソーシャル・エンジニアリングとよばれる攻撃には以下の手口が有名である．

なりすまし（Masquerade）
無許可のユーザが正規のユーザであることを偽装しサーバ上のデータを利

用したり改ざんしたりすること，あるいは，別のユーザを偽装して他人にメールなどのメッセージを送ること．スプーフィングともいう．

ピギーバック（Piggy Backing）
ロックのかかった建物や部屋などに，正規のものの同伴者を装って侵入する．

ショルダーハッキング（Shoulder Hacking）
コンピュータを操っている者の肩越しに覗き見をして，情報を盗み出す．

ゴミ箱あさり（Trashing, Dumpster Diving）
ゴミ箱をあさって，捨てられた機密情報を探し出す．

廃棄データ修復（Data Salvage）
シュレッダなどで裁断された書類や故障廃棄されたディスクから情報を修復する．

偽サイト（Fishing）
ダイレクトメールを装って偽のサイトにユーザを誘導し，個人情報を入力させる．

○その他

論理式（Boolean expression, logical expression）
真または偽の論理値をとる論理変数または関係式を，論理演算子で結合してできる式のことで，値として真または偽の論理値をとる．論理関数には，論理積（AND），論理和（OR），論理否定（NOT），排他的論理和（EOR/exclusive OR）などがある．

アルゴリズム（algorithm）
有限回の演算によって問題の解答を得ることができるように厳密に記述された計算手順（算法）のこと．この名称は9世紀のアラビアの数学者アルクワリズム（AL-Khuwarizme）の名に由来する．

ネチズン（netizen）
CitizenとNetworkから作られた造語で，ネットワーク上の市民のこと．

チャット（chat）
インターネットやパソコン通信などのネットワークを介し，他者と文字によりリアルタイムに会話すること．

BBS（Bulletin Board System）
電子掲示板と呼ばれるWeb上の掲示板のことである．多人数が読み書きできる．通常は，誰かが書き込んだメッセージに，いろいろな人が追加情報を書き込んで利用される．

ブログ（Blog）
日記・日誌風の仕組みを持つWebサイトのことを指す．WebをLog（記録）すると言う意味からWeblogになり，略されてBlogと言われるようになった．

SNS（Social Networking Service）
ソーシャル・ネットワーキング・サービスとは人と人とのつながりを促進・サポートする，コミュニティ型の登録制・招待制・会員制のサービスである．

ブロードキャスト（broadcast）
ネットワークにおいて，同一のメッセージをすべての端末（ノード）に同時に送信する通信形態のことである．テレビ，ラジオの放送のことを指すこともある．

プラグイン（plug-in）
ソフトウェアの機能を追加，拡張するための補助的なプログラム．

CAI（computer aided instruction）
コンピュータによって支援された教育システム．

ID（identification）
利用者を識別するためのコードのこと．

電子証明書（digital certificate）
人名や企業名などのIDと公開鍵を結びつけるディジタル証明書のこと．

電子署名（electronic signature）
データの改ざんの防止を目的とし，送信されるデータやその送信者の本人性を証明するもののことで，印鑑証明を電子的に実現したものである．受信者に配送する公開鍵は認証局によって作成者の本人性が証明されているので，なり

すましの防止も行われる．

JIS コード (JIS code)
JIS によって定められた日本語用文字コードのこと．英数字やカタカナを1バイトで表現する JIS X 0201 や，漢字を表現する JIS X 0208 もある．

EUC コード (extended Unix code)
UNIX で採用された日本語文字コード体系のこと．1バイトで1文字を表現する文字コード体系と，全角文字など2バイトで1文字を表現する文字コード体系の両方に対応している．

画素 (pixel)
画像表示の最小単位であるドットを構成する色の要素のことで，ピクセル (pixel) ともいう．ディスプレイでは光の三原色を組み合わせて表示するため，1画素は RGB のうちの1色であり，1ドットは3画素からなる．

RGB (red green blue)
光の三原色である，赤 (Red)，緑 (Green)，青 (Blue) のイニシャルを取った略称のことである．

JPEG (Joint Photographic Experts Group)
カラー静止画の圧縮方式の規格名．ISO と ITU-US（国際電気通信連合電気通信標準化セクター）が設立したカラー静止画に関する圧縮／伸張方式の合同部会 (JPEG) で制定された．

GIF (GIF)
米国のパソコン通信サービス Compu Serve で仕様が制定された画像データの保存形式．

VGA (video graphics array)
IBM 社が定めた AT 互換機の基本的な画像表示規格のこと．

WAV (WAV)
音声をディジタルデータとして保存するファイル形式のこと．

MP3 (MPEG-1 audio layer-3)
動画の圧縮技術である MPEG-1 のディジタル音声圧縮技術のこと．

MPEG（Moving Picture Experts Group）

ISO（国際標準化機構）とIEC（国際電気標準会議）が合同で1988年に設立した動画圧縮／伸張方式に関する合同部会で制定された規格の名称．

GPS（global positioning system）

3地点の人工衛星を用いた地球規模の精密位置測定方式．

アップロード（upload）

ローカルコンピュータからネットワーク上のホストコンピュータへのファイル転送．ホスト側を上位とみなしているので，アップという言葉が使われる．逆方向はダウンロードと呼ばれる．

アプレット（applet）

小さいアプリケーションプログラムのこと．Java言語で記述したJavaアプレットのことをさす場合が多い．

仮想現実（virtual reality, VR）

コンピュータ上に構築された仮想的な三次元空間のことで，バーチャルリアリティという．

仮想空間（virtual space）

コンピュータと通信ネットワークによって作り出される情報空間のことで，サイバースペース（cyberspace）ともいう．米国のSF作家ギブソン（W.Gibson）が1984年に発表した小説『ニューロマンサー』や短編『クローム襲撃』などの作品で，サイバースペースを行き交うハッカー達を描いた作品が有名である．

注

1) 平成28年版　警察白書
2) 加納寛子（2016）『ネットいじめの構造と対処・予防』，金子書房
　　加納寛子（2014）『いじめサインの見抜き方』，金剛出版
3) http://www.gfsbern.ch/en/Home/tabid/278/language/en-US/Default.aspx

付録1　トップドメイン一覧

国別属性	割り当てられている国／地域名		エリア
cc	ココス諸島	Cocos (Keeling) Islands	インド洋地域
hm	ハード・マクドナルド諸島	Heard and Mc Donald Islands	インド洋地域
io	英領インド洋地域	British Indian Ocean Territory	インド洋地域
km	コモロ	Comoros	インド洋地域
mg	マダガスカル	Madagascar	インド洋地域
mv	モルディブ	Maldives	インド洋地域
re	レユニオン	Reunion	インド洋地域
sc	セイシェル	Seychelles	インド洋地域
tf	フランス領極南諸島	French Southern Territories	インド洋地域
yt	マヨット島	Mayotte	インド洋地域
as	アメリカンサモア	American Samoa	オセアニア
au	オーストラリア	Australia	オセアニア
ck	クック諸島	Cook Islands	オセアニア
cx	クリスマス島	Christmas Island	オセアニア
fj	フィジー	Fiji	オセアニア
fm	ミクロネシア	Micronesia, Federated States o+D119f	オセアニア
gu	グアム	Guam	オセアニア
ki	キリバス	Kiribati	オセアニア
mh	マーシャル諸島	Marshall Islands	オセアニア
mp	北マリアナ諸島	Northern Mariana Islands	オセアニア
nc	ニューカレドニア	New Caledonia	オセアニア
nf	ノーフォーク島	Norfolk Island	オセアニア
nr	ナウル	Nauru	オセアニア
nu	ニウエ	Niue	オセアニア
nz	ニュージーランド	New Zealand	オセアニア
pf	フランス領ポリネシア	French Polynesia	オセアニア
pg	パプアニューギニア	Papua New Guinea	オセアニア
pn	ピトケアン島	Pitcairn	オセアニア

pw	パラオ	Palau	オセアニア
sb	ソロモン諸島	Solomon Islands	オセアニア
tk	トケラウ諸島	Tokelau	オセアニア
to	トンガ	Tonga	オセアニア
tv	ツバル	Tuvalu	オセアニア
um	米領太平洋諸島（ミッドウェー，ジョンストン，ウェーク島）	United States Minor Outlying Islands	オセアニア
vu	バヌアツ	Vanuatu	オセアニア
wf	ワリス・フテュナ諸島	Wallis and Futuna Islands	オセアニア
ws	西サモア	Western Samoa	オセアニア
eu	ヨーロッパ連合	European Union	ヨーロッパ
ru	ロシア連邦	Russian Federation	ロシア
ac	アセンション島	Ascension Island	西アフリカ
bf	ブルキナファソ	Burkina Faso	西アフリカ
bj	ベナン	Benin	西アフリカ
ci	コートジボアール	Cote d'Ivoire	西アフリカ
cv	カーボベルデ	Cape Verde	西アフリカ
eh	西サハラ	Western Sahara	西アフリカ
gh	ガーナ	Ghana	西アフリカ
gm	ガンビア	Gambia	西アフリカ
gn	ギニア	Guinea	西アフリカ
gw	ギニアビサオ	Guinea-Bissau	西アフリカ
lr	リベリア	Liberia	西アフリカ
ml	マリ	Mali	西アフリカ
mr	モーリタニア	Mauritania	西アフリカ
sh	セントヘレナ島	St. Helena	西アフリカ
sl	シエラレオネ	Sierra Leone	西アフリカ
sn	セネガル	Senegal	西アフリカ
tg	トーゴ	Togo	西アフリカ
ad	アンドラ	Andorra	西ヨーロッパ
be	ベルギー	Belgium	西ヨーロッパ
ch	スイス	Switzerland	西ヨーロッパ

de	ドイツ	Germany	西ヨーロッパ
es	スペイン	Spain	西ヨーロッパ
fr	フランス	France	西ヨーロッパ
gb	イギリス	United Kingdom	西ヨーロッパ
gg	ガーンジィ島	Guernsey	西ヨーロッパ
gi	ジブラルタル	Gibraltar	西ヨーロッパ
gr	ギリシャ	Greece	西ヨーロッパ
ie	アイルランド	Ireland	西ヨーロッパ
im	マン島	Isle of Man	西ヨーロッパ
it	イタリア	Italy	西ヨーロッパ
je	ジャージー	Jersey	西ヨーロッパ
li	リヒテンシュタイン	Liechtenstein	西ヨーロッパ
lu	ルクセンブルク	Luxembourg	西ヨーロッパ
mc	モナコ	Monaco	西ヨーロッパ
nl	オランダ	Netherlands	西ヨーロッパ
pt	ポルトガル	Portugal	西ヨーロッパ
sm	サンマリノ	San Marino	西ヨーロッパ
uk	イギリス	United Kingdom	西ヨーロッパ
va	バチカン市国	Vatican CityState	西ヨーロッパ
cy	キプロス	Cyprus	地中海地域
mt	マルタ	Malta	地中海地域
kg	キルギスタン	Kyrgyzstan	中央アジア
kz	カザフスタン	Kazakhstan	中央アジア
tj	タジキスタン	Tajikistan	中央アジア
tm	トルクメニスタン	Turkmenistan	中央アジア
uz	ウズベキスタン	Uzbekistan	中央アジア
bi	ブルンジ	Burundi	中央アフリカ
cd	コンゴ民主共和国 (旧ザイール)	Congo, Democratic Republic of	中央アフリカ
cf	中央アフリカ共和国	Central African Republic	中央アフリカ
cg	コンゴ	Congo, Republic of	中央アフリカ
cm	カメルーン	Cameroon	中央アフリカ
ga	ガボン	Gabon	中央アフリカ

第5章 AI時代に必要な情報リテラシー&情報モラル　173

gq	赤道ギニア	Equatorial Guinea	中央アフリカ
ne	ニジェール	Niger	中央アフリカ
ng	ナイジェリア	Nigeria	中央アフリカ
rw	ルワンダ	Rwanda	中央アフリカ
st	サントメ・プリンシペ	Sao Tome and Principe	中央アフリカ
td	チャド	Chad	中央アフリカ
ug	ウガンダ	Uganda	中央アフリカ
ag	アンティグア・バーブーダ	Antigua And Barbuda	中央アメリカ
ai	アンギラ	Anguilla	中央アメリカ
an	オランダ領アンティル	Netherlands Antilles	中央アメリカ
aw	アルバ	Aruba	中央アメリカ
bb	バルバドス	Barbados	中央アメリカ
bm	バーミューダ	Bermuda	中央アメリカ
bs	バハマ	Bahamas	中央アメリカ
bz	ベリーズ	Belize	中央アメリカ
cr	コスタリカ	Costa Rica	中央アメリカ
cu	キューバ	Cuba	中央アメリカ
dm	ドミニカ	Dominica	中央アメリカ
do	ドミニカ共和国	Dominican Republic	中央アメリカ
gd	グレナダ	Grenada	中央アメリカ
gp	グアドループ	Guadeloupe	中央アメリカ
gt	グアテマラ	Guatemala	中央アメリカ
hn	ホンジュラス	Honduras	中央アメリカ
ht	ハイチ	Haiti	中央アメリカ
jm	ジャマイカ	Jamaica	中央アメリカ
kn	セントクリストファー・ネイビス	Saint Kitts and Nevis	中央アメリカ
ky	ケイマン諸島	Cayman Islands	中央アメリカ
lc	セントルシア	Saint Lucia	中央アメリカ
mq	マルチニーク島	Martinique	中央アメリカ
ms	モントセラト	Montserrat	中央アメリカ
mx	メキシコ	Mexico	中央アメリカ
ni	ニカラグア	Nicaragua	中央アメリカ
pa	パナマ	Panama	中央アメリカ

pr	プエルトリコ	Puerto Rico	中央アメリカ
sv	エルサルバドル	El Salvador	中央アメリカ
tc	タークス諸島・カイコス諸島	Turks and Caicos Islands	中央アメリカ
tt	トリニダード・トバゴ	Trinidad and Tobago	中央アメリカ
vc	セントビンセントおよびグレナディーン諸島	Saint Vincent and the Grenadines	中央アメリカ
vg	英領バージン諸島	Virgin Islands（British）	中央アメリカ
vi	米領バージン諸島	Virgin Islands（USA）	中央アメリカ
ae	アラブ首長国連邦	United Arab Emirates	中東
af	アフガニスタン	Afghanistan	中東
bh	バーレーン	Bahrain	中東
il	イスラエル	Israel	中東
iq	イラク	Iraq	中東
ir	イラン	Iran	中東
jo	ヨルダン	Jordan	中東
kw	クウェート	Kuwait	中東
lb	レバノン	Lebanon	中東
om	オマーン	Oman	中東
ps	パレスチナ	Palestinian Territories	中東
qa	カタール	Qatar	中東
sa	サウジアラビア	Saudi Arabia	中東
sy	シリア	Syrian Arab Republic	中東
tr	トルコ	Turkey	中東
ye	イエメン	Yemen	中東
cn	中国	China	東アジア
hk	香港	Hong Kong	東アジア
jp	日本	Japan	東アジア
kp	朝鮮民主主義人民共和国	Korea, Democratic People's Republic of	東アジア
kr	大韓民国	Korea, Republic of	東アジア
mn	モンゴル	Mongolia	東アジア
mo	マカオ	Macau	東アジア
tw	台湾	Taiwan	東アジア

dj	ジブチ	Djibouti	東アフリカ
er	エリトリア	Eritrea	東アフリカ
et	エチオピア	Ethiopia	東アフリカ
ke	ケニア	Kenya	東アフリカ
sd	スーダン	Sudan	東アフリカ
so	ソマリア	Somalia	東アフリカ
tz	タンザニア	Tanzania, United Republic of	東アフリカ
al	アルバニア	Albania	東ヨーロッパ
am	アルメニア	Armenia	東ヨーロッパ
at	オーストリア	Austria	東ヨーロッパ
az	アゼルバイジャン	Azerbaijan	東ヨーロッパ
ba	ボスニア・ヘルツェゴビナ	Bosnia and Herzegowina	東ヨーロッパ
bg	ブルガリア	Bulgaria	東ヨーロッパ
by	ベラルーシ	Belarus	東ヨーロッパ
cz	チェコ	Czech Republic	東ヨーロッパ
ee	エストニア	Estonia	東ヨーロッパ
ge	グルジア	Georgia	東ヨーロッパ
hr	クロアチア	Croatia（Hrvatska）	東ヨーロッパ
hu	ハンガリー	Hungary	東ヨーロッパ
lt	リトアニア	Lithuania	東ヨーロッパ
lv	ラトビア	Latvia	東ヨーロッパ
md	モルドバ	Moldova, Republic of	東ヨーロッパ
me	モンテネグロ	Montenegro	東ヨーロッパ
mk	マケドニア	Macedonia, Former Yugoslav Republic of	東ヨーロッパ
pl	ポーランド	Poland	東ヨーロッパ
ro	ルーマニア	Romania	東ヨーロッパ
rs	セルビア	Serbia	東ヨーロッパ
si	スロベニア	Slovenia	東ヨーロッパ
sk	スロバキア	Slovakia（Slovak Republic）	東ヨーロッパ
ua	ウクライナ	Ukraine	東ヨーロッパ
yu	ユーゴスラビア	Yugoslavia	東ヨーロッパ
bn	ブルネイ	Brunei Darussalam	東南アジア

id	インドネシア	Indonesia	東南アジア
kh	カンボジア	Cambodia	東南アジア
la	ラオス	Lao People's Democratic Republic	東南アジア
mm	ミャンマー	Myanmar	東南アジア
my	マレーシア	Malaysia	東南アジア
ph	フィリピン	Philippines	東南アジア
sg	シンガポール	Singapore	東南アジア
th	タイ	Thailand	東南アジア
tl	東ティモール	Timor-Leste	東南アジア
tp	東ティモール	East Timor	東南アジア
vn	ベトナム	Viet Nam	東南アジア
bd	バングラデシュ	Bangladesh	南アジア
bt	ブータン	Bhutan	南アジア
in	インド	India	南アジア
lk	スリランカ	Sri Lanka	南アジア
np	ネパール	Nepal	南アジア
pk	パキスタン	Pakistan	南アジア
ao	アンゴラ	Angola	南アフリカ
bw	ボツワナ	Botswana	南アフリカ
ls	レソト	Lesotho	南アフリカ
mu	モーリシャス	Mauritius	南アフリカ
mw	マラウイ	Malawi	南アフリカ
mz	モザンビーク	Mozambique	南アフリカ
na	ナミビア	Namibia	南アフリカ
sz	スワジランド	Swaziland	南アフリカ
za	南アフリカ共和国	South Africa	南アフリカ
zm	ザンビア	Zambia	南アフリカ
zw	ジンバブエ	Zimbabwe	南アフリカ
ar	アルゼンチン	Argentina	南アメリカ
bo	ボリビア	Bolivia	南アメリカ
br	ブラジル	Brazil	南アメリカ
cl	チリ	Chile	南アメリカ

第5章　AI時代に必要な情報リテラシー&情報モラル　177

co	コロンビア	Colombia	南アメリカ
ec	エクアドル	Ecuador	南アメリカ
fk	フォークランド諸島	Falkland Islands (Malvinas)	南アメリカ
gf	フランス領ギアナ	French Guiana	南アメリカ
gs	サウスジョージア島・サウスサンドイッチ島	South Georgia and the South Sandwich Islands	南アメリカ
gy	ガイアナ	Guyana	南アメリカ
pe	ペルー	Peru	南アメリカ
py	パラグアイ	Paraguay	南アメリカ
sr	スリナム	Suriname	南アメリカ
uy	ウルグアイ	Uruguay	南アメリカ
ve	ベネズエラ	Venezuela	南アメリカ
aq	南極	Antarctica	南極
bv	ブーベ島	Bouvet Island	南極
dz	アルジェリア	Algeria	北アフリカ
eg	エジプト	Egypt	北アフリカ
ly	リビア	Libyan Arab Jamahiriya	北アフリカ
ma	モロッコ	Morocco	北アフリカ
tn	チュニジア	Tunisia	北アフリカ
ca	カナダ	Canada	北アメリカ
pm	サンピエール島・ミクロン島	St. Pierre and Miquelon	北アメリカ
us	アメリカ合衆国	United States	北アメリカ
ax	オーランド諸島	Aland Islands	北ヨーロッパ
dk	デンマーク	Denmark	北ヨーロッパ
fi	フィンランド	Finland	北ヨーロッパ
fo	フェロー諸島	Faroe Islands	北ヨーロッパ
gl	グリーンランド	Greenland	北ヨーロッパ
is	アイスランド	Iceland	北ヨーロッパ
no	ノルウェー	Norway	北ヨーロッパ
se	スウェーデン	Sweden	北ヨーロッパ
sj	スバールバル諸島・ヤンマイエン島	Svalbard And Jan Mayen Islands	北ヨーロッパ

付録2　我が国の主な組織別属性

go.jp	日本国の政府機関，各省庁所轄研究所，独立行政法人，特殊法人（特殊会社を除く）
ed.jp	(a) 保育所，幼稚園，小学校，中学校，高等学校，中等教育学校，盲学校，聾学校，養護学校，専修学校および各種学校のうち主に18歳未満を対象とするもの
	(b) (a)に準じる組織で主に18歳未満の児童・生徒を対象とするもの
	(c) (a)または(b)に該当する組織を複数設置している学校法人，(a)または(b)に該当する組織を複数設置している大学および大学の学部，(a)または(b)に該当する組織をまとめる公立の教育センターまたは公立の教育ネットワーク
ac.jp	(a) 学校教育法および他の法律の規定による学校（EDドメイン名の登録資格の(a)に該当するものを除く），大学共同利用機関，大学校，職業訓練校
	(b) 学校法人，職業訓練法人，国立大学法人，大学共同利用機関法人，公立大学法人
co.jp	株式会社，有限会社，合名会社，合資会社，相互会社，特殊会社，その他の会社および信用金庫，信用組合，外国会社（日本において登記を行っていること）
or.jp	(a) 財団法人，社団法人，医療法人，監査法人，宗教法人，特定非営利活動法人，中間法人，独立行政法人，特殊法人（特殊会社を除く），農業協同組合，生活協同組合，その他 AC.JP，CO.JP，ED.JP，GO.JP，地方公共団体ドメイン名のいずれにも該当しない日本国法に基づいて設立された法人
	(b) 国連等の公的な国際機関，外国政府の在日公館，外国政府機関の在日代表部その他の組織，各国地方政府（州政府）等の駐日代表部その他の組織，外国の会社以外の法人の在日支所その他の組織，外国の在日友好・通商・文化交流組織，国連NGOまたはその日本支部
ad.jp	(a) JPNICの正会員が運用するネットワーク
	(b) JPNICがインターネットの運用上必要と認めた組織
	(c) JPNICのIPアドレス管理指定事業者
	(d) 2002年3月31日時点にADドメイン名を登録しており同年4月1日以降も登録を継続している者であって，JPRSのJPドメイン名指定事業者である者
ne.jp	日本国内のネットワークサービス提供者が，不特定または多数の利用者に対して営利または非営利で提供するネットワークサービス
gr.jp	複数の日本に在住する個人または日本国法に基づいて設立された法人で構成される任意団体
lg.jp	(a) 地方自治法に定める地方公共団体のうち，普通地方公共団体，特別区，一部事務組合および広域連合等
	(b) 上記の組織が行う行政サービスで，総合行政ネットワーク運営協議会が認定したもの

初等・中等教育における学習指導案例

学習指導案「ロボットをうごかそう」

加納寛子（山形大学）

1. 対象：小学校第1学年

2. 使用場所：教室，あるいはオープンスペースや多目的室，体育館など

3. 使用機器：スイッチのオン・オフ，前進・後退，左右など簡単な動きをするロボット

4. 主題（単元名・教材名）
   単元名「ロボットをうごかそう」

5. 主題について
   　スイッチのオン・オフ，前進・後退，左右など簡単な動きをするロボット動かすというこの学習は，後に，中学校での「2進数とディジタル表現」の単元での学びにつながっていく．情報のディジタル化に必要な基礎概念を系統的に学び最もはじめの段階にあたり，2進数の基礎概念を身体的に学ぶために，ピアジェの発達段階でいえば，具体的操作期にあたるこの時期に，ロボットを用いて，オン・オフ，前進・後退，左右など2値表現を感覚的に体験する．
   　本指導案で扱うキーワードとなる概念としては，【ロボット】【符号化】である．

6. 達成目標

情報的な見方考え方	スイッチのオン・オフ，前進・後退，左右などのロボットの動きを，矢印や自分で決めたマークなどで書き表し，符号化する経験を応用し，身の回りの物事を符号化によって表現したり，思考したり，伝達することができる．
関心・意欲・態度	ロボットを動かすことや符号化に関心を持つ．

思考・判断・表現	オン／オフ2値を，矢印や自分で決めたマークで表すなど，符号化によって思考したり表現することができる．
技能	ロボットのオン／オフの切り替えや，前進・後退，左右などへ動かすことができる．動きを矢印やマークを用いて示すことができる．
知識・理解	スイッチのオン／オフ，前進・後退，左右など，自分の思うようにロボットを動かすことができることを理解する．動きをマークで表すことができることを知る．

7. 評価基準（ルーブリック）

	レベル1	レベル2	レベル3
情報的な見方考え方	身の回りの物事を符号化によって表現したり，思考したり，伝達することが全くできない．	スイッチのオン・オフ，前進・後退，左右などのロボットの動きを，矢印や自分で決めたマークなどで書き表し，符号化する経験を応用し，身の回りの物事を符号化によって表現したり，思考したり，伝達しようとするが，不十分である．	スイッチのオン・オフ，前進・後退，左右などのロボットの動きを，矢印や自分で決めたマークなどで書き表し，符号化する経験を応用し，身の回りの物事を符号化によって表現したり，思考したり，伝達することができる．
関心・意欲・態度	ロボットを動かすことにも符号化にも，全く意欲・関心が持たない．	ロボットを動かすことには関心を示すが，符号化に関心を持たない．	ロボットを動かすことや符号化に関心を持つ．
思考・判断・表現	オン・オフ2値を，矢印や自分で決めたマークで表すなど，符号化によって思考したり表現することが全くできないか，完全に間違っている．	オン・オフ2値を，矢印や自分で決めたマークで表すなど，符号化によって思考したり表現しようとするが，やや不十分である．	オン・オフ2値を，矢印や自分で決めたマークで表すなど，符号化によって思考したり表現することができる．
技能	ロボットを動かすことも符号化表現することもできない．	ロボットのオン／オフの切り替えや，前進・後退，左右などへ動かすことができる．動きを矢印やマークを用いて示すことができない．	ロボットのオン／オフの切り替えや，前進・後退，左右などへ動かすことができる．動きを矢印やマークを用いて示すことができる．

知識・理解	ロボットを動かすことも符号化することも全く理解できない.	自分の思うようにロボットを動かすことができることを理解する. 動きをマークで表すことができない.	自分の思うようにロボットを動かすことができることを理解する. 動きをマークで表すことができることを知る.

8. 単元指導計画

次	時	指導内容	学習活動	指導上の留意点	評価規準（評価の観点）
1	1	スイッチのオン・オフ，前進・後退，左右などロボットを動かすことができる.	ロボットを動かしてみる.	ここでは2進数の基礎概念を身体的に体験することが重要である. 2進数などの言葉は用いず，「進む」「戻る」など2値の概念形成につながる素地を体験することが目的である.	意欲的にロボットを動かそうとしているか.
	2	その動きを，矢印や自分で決めたマークなどで書き表し，符号化する経験を応用し，身の回りの物事を符号化によって表現したり，思考したり，伝達することができる.	「進む」「戻る」「右へ」「左へ」などを矢印で表現する.		動きを矢印やマークを用いて示すことができる.

補 足

　シンプルな内容のため，焦点化した展開案は省略する.

　この学習に使用可能なロボットや教材は多数存在する. 例えばイギリスの多くの小学校で見かけたBee-Botがある. Bee-Botは，子どもたちのために設計されたロボットで，子どもたちは容易に動作させることができ，配列決定，推定と問題解決を教えるための最適なツールである[1]，という指摘もあるように，高学年においてもう少し高度な情報について学ぶときにも利用できるロボットである. ロボットの形はしていないがアーテック社の音モービルカーも，ここでの学習には向いている. 音に反応し

て音モービルが動くしくみになっていて，短いストローを吹くと左，長いストローを吹くと右，両方同時に吹くとまっすぐ進むようになっている．

　また，3歳以上の子ども用のプログラミング学習玩具 Primo Toys 社の Cubetto（キュベット）[2] もある．イギリスでは幼児向けにつくられた玩具で，マリア・モンテッソーリの教育理念に基づいた保育園（Montessori nursery）をはじめとする多くの幼稚園に導入されているようだ．モンテッソーリがつくった「子供の家」には木製玩具・教具が多数並べられているのが特徴だ．なぜなら，教具の手触り形，重さ，材質にこだわり，幼児期の5感を柔らかく刺激して伸ばす感覚教育がモンテッソーリ教育の特徴だからである．ようだが，日本の小学校1年生ぐらいであれば充分学習効果が期待できる．木製のロボット「Cubetto」とプログラミング用の木製ボード「World Map」，プログラミング用ブロックがセットになっているこの教材は，現代版モンテッソーリ教具と呼んでもよいだろう．

　使用方法は，プログラムの命令を意味する木製ブロックをボードにはめ込んでプログラミングを行い，ロボットを「World Map」上で目的地に到達させたりいろいろな場所を移動させて遊ぶことができる．木のぬくもりもあり，3歳から遊びながらプログラミングを学ぶことのできる教材である．教師用指導書[3] によれば，アルゴリズム（Algorithms），プログラム内の命令（the queue），デバッギング（Debugging），再帰（Recursions）の4つを，「Cubetto」を用いたプログラミング教育の柱として示している．プログラミング以外にも，コミュニケーション能力や社会性，数学，論理的思考力，活動性を育むために用いることができると説明されている．

　また，Fisher-Price 社による Code-A-Pillar[4] というイモムシ型のプログラミング用ロボットもある．イモムシの胴体パーツをいくつも組み合わせて走らせることができる．胴体パーツがプログラミングの命令を表しており，「前進」「右折」「左折」「音が鳴る」「眠る」「光る」など，全11種類のバリエーションがあり，最長で15個まで連結できる．連結の仕方によっていろいろな動きをさせることができるわけである．このプログラミング用ロボットも，対象年齢3歳〜6歳となっており，幼児期のプログラミング能力の育成を目指して開発されたようだ．

　さらに，Tangible Play 社による「Osmo Coding」[5] は，タブレット画面を見ながら，カードを並べて，コーディングを行うプログラミング教育教材である．

　以上紹介した子ども用プログラミング教材の特徴は，パソコンやタブレットのキーボードやマウスを用いたプログラミングは行わない．ピアジェの発達段階の具体的操作期にあたる子どもには，ロボットやブロックなど，形のあるもので学ぶ方が子ども

たちの興味・関心をつかみやすいのだろう．

Bee-Bot
https://www.terrapinlogo.com/

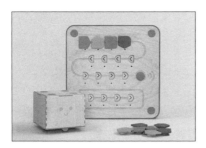

Cubetto

この写真は、日本国内の小学生がCubettoの教材を用いて、プログラミングをした時の写真である。3歳ぐらいから使用可能な教材であるが、小学校高学年の児童であっても、楽しそうにプログラミングをしていた。

注
1) http://ops4infolit.global2.vic.edu.au/2015/09/08/bee-bot-fun/
2) https://www.primotoys.com/
3) https://www.primotoys.com/wp-content/uploads/2016/04/Cubetto_teachers_guide.pdf
4) http://www.fisher-price.com/en_US/brands/think-and-learn/index.html
5) https://www.playosmo.com/en-gb/

学習指導案「発明家になろう」

加納寛子（山形大学）

1. 対象：小学校第3学年

2. 使用場所：教室

3. 使用機器：littleBits[1] および，作品に必要な画用紙や小物

4. 主題（単元名・教材名）
   単元名「アルゴリズム」
   電子工作を通してアルゴリズムについて学ぶ．

5. 主題について
   　アルゴリズム（algorithm）とは，問題を解決したり，目的へ到達するための手順のことである．後にコーディングを学ぶ素地として，電子工作を通して手順の決め方やアルゴリズムの良さを身体的感覚として感得し，創造性を育成することをここでのねらいとする．
   本指導案で扱うキーワードとなる概念としては【アルゴリズム】である．

6. 達成目標

情報的な見方考え方	電子工作を通して手順を考えたり，様々な物事を2進数によるディジタル表現を用いて表現し，情報を整理したり，思考したり，伝達することができる．
関心・意欲・態度	電子工作に関心を持ち，工夫しながら取り組むことができる．
思考・判断・表現	電子工作を通してアルゴリズムを考え，判断し，作品として表現することができる．
技能	電子工作を工夫して行うことができる．
知識・理解	アルゴリズムの概念を理解する．

7. 評価基準（ルーブリック）

	レベル1	レベル2	レベル3
情報的な見方考え方	電子工作を通して手順を考えたり，様々な物事を2進数によるディジタル表現を用いて表現し，情報を整理したり，思考したり，伝達することができない．	電子工作を通して手順を考えたり，様々な物事を2進数によるディジタル表現を用いて表現し，情報を整理したり，思考したり，伝達しようとするが，不十分である．	電子工作を通して手順を考えたり，様々な物事を2進数によるディジタル表現を用いて表現し，情報を整理したり，思考したり，伝達することができる．
関心・意欲・態度	電子工作に全く意欲・関心が持てない．	電子工作に関心を持ち，取り組んでいるが，あまり工夫できていない．	電子工作に高い関心を持ち，工夫しながら取り組むことができる．
思考・判断・表現	完成させることができない．あるいはほとんど考えた形成が見られず，単につないだだけで，何を表現したのか説明することができない．	独自の発想は見られず，十分な思考・判断に基づく表現にはなっていない．	電子工作を通してアルゴリズムを考え，判断し，作品として表現することができる．
技能	完成できないか意味のないつながりになっている．	電子工作は完成させたが，工夫が見られない．	電子工作を工夫して行うことができる．
知識・理解	アルゴリズムが，全く理解できない．	アルゴリズムの理解が不十分である．	アルゴリズムの概念を理解する．

8. 単元指導計画

次	時	指導内容	学習活動	指導上の留意点	評価規準(評価の観点)
1	1	littleBitsでできることの説明と，過去の作品例などを提示する．littleBitsを使って作りたいものについて考える．	littleBitsを実際に手に取り，つないでみることにより，これを使ってどんなものを作りたいか一人一人考える．作りたいものの設計図を画用紙に絵と文章で描く．	何もしないでじっと見ているだけの児童がいれば，まず触ってみることを促す．次回の授業までに，各自で描いた設計図を実現させるために必要な小物（毛糸やボタン，割り箸，ラップの芯，色紙等々）を探してくる（100円ショップ等で購入してくる）よう指示を与える．	電子工作や画用紙の設計図に関心・意欲を持って取り組むことができているか．
	2	各自の設計図に合わせて作品作りを行う．			電子工作を工夫して行うことができる．
	3	作品の発表を行う．			自分以外の人の発表も関心を持って聞くことができたか．

補　足

シンプルな内容のため，焦点化した展開案は省略する．

右図は，のり巻き自動作成機を作った作品例である．

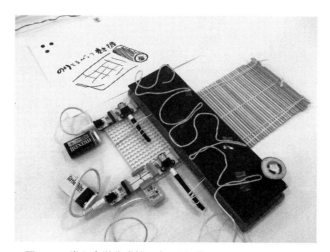

図　のり巻き自動作成機　（写真提供：Digital Hike LLC.）

注
1)　littleBits について
　・littleBits とは〈http://jp.littlebits.com/about/〉
　・littleBits のミッション〈http://jp.littlebits.com/about/mission/〉
　・創業者のアヤ・ブデール（Ayah Bdeir）について〈http://jp.littlebits.com/about/bio/〉
　・littleBits 本国のサイトから〈http://littlebits.cc/pressroom〉

学習指導案「コンピュータを組み立てよう」

加納寛子（山形大学）

1. 対象：小学校第5学年

2. 使用場所：教室

3. 使用機器：Computer Kit[1]

4. 主題（単元名・教材名）
    単元名「コンピュータを組み立てよう」
    コンピュータの組み立てを行う学習を通してコンピュータのしくみ構造について学ぶ．

5. 主題について
    将来的にはコンピュータの形状や様態が変化していくことはあっても，何らかのコンピュータとともに日々の生活を送る時代になるであろう．頭だけで理解したことは，しばらくそれを使用しないうちに忘れ去っていくことが多い．しかし，子どもの頃に手を使って培った能力は身体的な知となり，直接的な知識を忘れたとしても身体的な感覚は残る．将来，生活の中で使用されるコンピュータは，四角とは限らず，様々な形，柔らかい手触りのものになっていくのではないかと予測しているが，基本的なしくみを知ることは重要である．いつもと少し動きが違う場合に，自分では一切処ができず，メーカー頼みでは不便である．基本的なしくみを知っていれば，使用しているコンピュータの調子がよくないときに，原因を考え応急処置等ができる．ピアジェの発達理論の形式的操作期に入ると，純粋に形式のみに従った論理的な思考が可能となり，仮説演繹的思考，組み合わせ思考，計量的な比例概

念等ができるようになる．この時期に入ると，つくる前から結果を予測することができる．「Computer Kit をみ立てた ところで，既に持っているパソコンよりもスペックの劣るパソコンにしかならない．面倒だ．」等と考えてしまう子どもも出てくるだろう．そのため，コンピュータの組み立てを行う学習の時期として，ピアジェの発達理論の具体的操作期最後の学年の小学校 5 年生段階に設定した．小学校 1 年生から十分な時間をかけて情報を学ぶ情報教育が定着すれば，低学年，中学年でも可能な内容である．ただ，ここでのねらいは，単なるものづくりに終わらせることなく，コンピュータの構造やしくみの理解もともなった電子工作であることをねらいとしている．手順を考えて組み立るこの学習は，コンピュータのしくみを知ると同時にアルゴリズムの学習にもなる．

　この小型 PC「Kano」は，独自の OS「Kano OS」を採用し，「Minecraft」などのゲームを通してプログラミングを学習できる．本指導案で扱うキーワードとなる概念としては【コンピュータ】【しくみ】【構造】【アルゴリズム】である．

6. 達成目標

情報的な見方考え方	コンピュータの組み立てを行う学習を通して，手順を考えたり，コンピュータのしくみ構造を知ることから，コンピュータを用いた新たな創造物を構想する素地（潜在的能力）を育む．
関心・意欲・態度	コンピュータの組み立てを行う学習に関心・意欲を持って取り組むことができる． 手順を考えたり，コンピュータのしくみ構造を知ることから，身の回りにあるコンピュータが使われているもののしくみに関心を持つ．
思考・判断・表現	コンピュータの組み立てを行う学習を通して，手順を考えたり，コンピュータのしくみ構造を思考することができる．
技能	コンピュータの組み立てを行うことができる．
知識・理解	コンピュータのしくみ構造を理解できる．

7. 評価基準（ルーブリック）

	レベル 1	レベル 2	レベル 3
情報的な見方考え方	潜在的能力のため形成過程・直後に評価できることはない．		

関心・意欲・態度	コンピュータの組み立てを行う学習に関心・意欲を持って取り組むことができない. 身の回りにあるコンピュータが使われているもののしくみに関心を持たない.	コンピュータの組み立てを行う学習に関心・意欲を持って取り組むことができる. 身の回りにあるコンピュータが使われているもののしくみに関心を持たない.	コンピュータの組み立てを行う学習に関心・意欲を持って取り組むことができる. 手順を考えたり,コンピュータのしくみ構造を知ることから,身の回りにあるコンピュータが使われているもののしくみに関心を持つ.
思考・判断・表現	コンピュータの組み立てを行う学習を通して,手順を考えたり,コンピュータのしくみ構造を思考することができない.	コンピュータの組み立てを行う学習を通して,手順を考えたり,コンピュータのしくみ構造を思考しようとするが,ややエラーが見られる.	コンピュータの組み立てを行う学習を通して,手順を考えたり,コンピュータのしくみ構造を思考することができる.
技能	コンピュータの組み立てを行うことができない.	少し手伝って貰ってコンピュータの組み立てを行うことができる.	コンピュータの組み立てを単独で行うことができる.
知識・理解	コンピュータのしくみ構造が,全く理解できない.	コンピュータのしくみ構造を理解できるが,やや不十分なところがある.	コンピュータのしくみ構造を理解できる.

8. 単元指導計画

次	時	指導内容	学習活動	指導上の留意点	評価規準 (評価の観点)
	1	コンピュータはどのようなしくみだろう? しくみを予測させた後,コンピュータ組み立てキット「Computer Kit」を配布し,組み立てを行う. 組み立てが終わった児童は,モニターにつないで,動いたら完成.	(児童の反応) コンピュータハードウェア,オペレーティングシステム,アプリケーションなど 「Computer Kit」の組み立てを行う.	組み立てができない児童には,助言をする. 早く組み立てが終わった児童は,躓いている児童のサポートを行う.	コンピュータの組み立てを行う学習に関心・意欲を持って取り組むことができる. コンピュータの組み立てを行うことができる. コンピュータのしくみ構造を理解できる.

	2	「Kano OS」を使ってみよう． Code Art! を使ってみよう．	これまで児童は，WindwsやiOS，AndroidなどのOSを経験したことがあるだろうが，「Kano OS」を使用することは初めてであり，まずは自由に触ってみる． Code Art!を使って，自分なりの芸術作品を作成する． 芸術作品の発表	これまで見たことがない新たなOS「Kano OS」を使う体験を通して，将来的にはOSも自分で作ることができるかも知れないという意欲・関心につながることをねらいとしている．	前時のコンピュータの組み立てを行う学習，手順を考えた経験と，OSを使用することにより，コンピュータのしくみ構造を思考することができる．
1	3	簡単なコーディングを用いてゲームをつくってみよう． 簡単な例をいくつか提示し，自由な作品作りに取りかかる． 互いにゲームを交換して遊んでみる．	「SNAKE」アプリをクリックすると，Make Snakeというコマンド画面が表示され，簡単なコーディングができる． 「Pong」アプリでは，Kano Blocksというブロックにオプションパーツを組み合わせていくことでプログラミングできる仕組みである． 「Kano World」では，自分でつくったオリジナルゲームを世界中に公開でき，世界中の人と切磋琢磨できる．	ブロック型のコーディングであるが，開始ができない児童には，実際にブロックを動かしてみて，見本を見せる．	工夫してゲーム制作ができたか．

初等・中等教育における学習指導案例　*193*

補　足

　シンプルな内容のため，焦点化した展開案は省略する．本書ではコーディングに偏重した情報教育は推奨していないが，Minecraft や Scratch，Raspberry Pi，小学生としては高度な（満足のできる）ゲームも制作できるようである．Kano OS を用いた授業の展開案なども公開されている[2]．

194

図　コンピュータ組み立てキットを組み立て，組み立てた
　　コンピュータでゲームを制作している様子

提供：http://www.kano.me/
https://www.dropbox.com/sh/c8ltw2cmzbkc6x1/AACXM8FOcmg-
VaVzaH8zPx4Wa/01%20Product%20Images/01%20The%20Computer%20Kit?dl=0

注
1）　http://www.kano.me/
2）　http://row.kano.me/pages/educators-projects
　　https://code.org/educate/curriculum/teacher-led

学習指導案 「名前あてゲーム」

加納寛子（山形大学）

1. 対象：中学校第3学年

2. 使用場所：教室

3. 使用機器：方眼紙（紙でもタブレットでもパソコンでもよい）[1]

4. 主題（単元名・教材名）
   単元名「2進数とディジタル表現」
   情報のディジタル化に必要な基礎概念の一つである2進数の概念について学ぶ．

5. 主題について
   　コンピュータは，オン／オフの2つの状態を表す多くのスイッチからできている．オン／オフは1と0の2つの数値に置き換えることができる．10進法とは，0〜9を使って数字を表わし，10になったら位が1つあがる表現方法である．2進法とは，0〜1を使って数字を表わし，2になったら位が1つあがる表現方法である．2進法のことは英語でバイナリ（binary）という．二進法で表された数字のことを2進数という．2進数の桁を意味するbinary digiを略して，1と0の2つの状態だけで表現される情報量の単位はビット（bit）と呼ばれている．ここでは2進数によるディジタル表現の概念について学ぶことをねらいとしている．ディジタルとアナログの違いは小学校までに学んでいるものとする．
   　本指導案で扱うキーワードとなる概念としては，【2進法】【2進数】【ディジタル】である．

6. 達成目標

情報的な見方考え方	様々な物事を2進数によるディジタル表現を用いて表現し，情報を整理したり，思考したり，伝達することができる．
関心・意欲・態度	ビットや2進数の概念に関心を持つ．
思考・判断・表現	様々なものをどのようにすれば，2進数によるディジタル表現ができるのか考えることができる．
技能	様々なものを量子化し，2進数でコード化表現ができる．10進法の数値を2進法で表現できる．
知識・理解	スイッチのオン／オフ以外にも，高低，磁石の向きや画像なども，量子化・コード化によるディジタル表現ができることを理解する．

7. 評価基準

	レベル1	レベル2	レベル3
情報的な見方考え方	様々な物事を2進数によるディジタル表現を用いて表現し，情報を整理したり，思考したり，伝達することができない．	様々な物事を2進数によるディジタル表現を用いて表現し，情報を整理したり，思考したり，伝達しようとするが，不十分である．	様々な物事を2進数によるディジタル表現を用いて表現し，情報を整理したり，思考したり，伝達することができる．
関心・意欲・態度	ビットや2進数の概念に全く意欲・関心が持てない．	ビットや2進数の概念にあまり関心を持つことができない．	ビットや2進数の概念に関心を持つ．
思考・判断・表現	様々なものをどのようにすれば，2進数によるディジタル表現ができるのか考えることができるができない．	様々なものをどのようにすれば，2進数によるディジタル表現ができるのか考えることができるがやや不十分である．	様々なものをどのようにすれば，2進数によるディジタル表現ができるのか考えることができる．
技能	様々なものを量子化することも，2進数でコード化表現することもできない．	様々なものを量子化できるが，2進数でコード化できない．あるいは10進法の数値を2進法で表現できるが，様々なものを量子化できない．	様々なものを量子化し，2進数でコード化表現ができる．10進法の数値を2進法で表現できる．

	知識・理解	量子化・コード化によるディジタル表現が，全く理解でき.	量子化・コード化によるディジタル表現ができるに対する理解が不十分である.	スイッチのオン／オフ以外にも，高低，磁石の向きや画像なども，量子化・コード化によるディジタル表現ができることを理解する.

8. 単元指導計画

次	時	指導内容	学習活動	指導上の留意点	評価規準 (評価の観点)
1 理解	1	ビットなど情報量には単位があることを知る．単位につける接頭語 K（キロ）M（メガ）G（ギガ）T（テラ）P（ペタ）があることを知る.	ビットやバイト，単位につける接頭語 K（キロ）M（メガ）G（ギガ）T（テラ）P（ペタ）などの基本単位の名称を教科書を元に理解し覚える．覚えたかどうかの確認テスト.	覚えさせることを詰め込み教育と勘違いしている人もいるが，基本的な用語や単位は，学習のはじめに覚えていないと，その後の文章や教師の説明の意味が理解できなくなるため，小テストを行うなどし，きちんと用語と単位は覚えるよう指導する.	情報量には単位があることを理解する．単位につける接頭語 K（キロ）M（メガ）G（ギガ）T（テラ）P（ペタ）があることを理解する.
	2	コンピュータは，オン／オフの2つの状態を表す多くのスイッチからできている．オン／オフは1と0の2つの数値に置き換えることができることを知る．1と0に置き換えることをコード化と呼ぶことを知る.	身の回りのことやこれまで見聞きしたことがある物事でコード化できる事象を見つける.	教室で実施.	コード化とは何かを理解する.
	3	名前や身の回りのことやこれまで見聞きしたことがある物事を量子化し，量子化とは何かを理解する.	「名前あてゲーム」を通して，各自の名前を量子化する．時間的にゆとりがあれば，名前以外の物事も量子化する.	教室で実施．量子化できない生徒には，簡単な例をいくつか例示する.	量子化とは何かを理解する.

過程		指導内容	学習活動	指導上の留意点	評価
2 演習定着	1	量子化したディジタル情報のコード化について理解し演習を行うことにより知識の定着を図る.	前時に量子化したディジタル情報（とびとびの値）をコード化（2進数の数値に変換）する.	教室で実施.コード化できない生徒には，棒などの簡単な図を書いて考えるよう指導する.	
	2	2進数変換の定着を図る.また，10進法と2進法以外にも16進法などもあることを知る.	10進数を2進数へ変換する小テストを実施する.発展的な学習として，16進法への変換を行う.		10進数を2進数へ変換することができる.

9. 本時（第3時）の目標

「名前あてゲーム」

名前を量子化し，量子化とは何かを理解する．（知識・理解）
量子化について意欲関心を持つことができる．（関心・意欲・態度）

10. 本時の展開

過程	指導内容	学習活動	指導上の留意点	評価（評価の観点）（評価方法）
導入（15分）	量子化とは何か説明し，名前をどう量子化したらよいか話し合う．	名前の量子化の方法を生徒へ質問する．生徒の反応・画数で決める．・50音順で決める・表にする等		量子化について意欲関心を持つことができる．（関心・意欲・態度）
	アナログ画像をディジタル画像に変換するとき，画素（マス目：ピクセルともいう）を細かくすると，元の画像に近い形で	簡単な図の量子化の例を示した後，名前を方眼紙に白黒の画素表示で表した様子を提示する．	量子化できない生徒には，簡単な例をいくつか例示する．	名前を量子化し，量子化とは何かを理解する．（知識・理解）

初等・中等教育における学習指導案例　199

展開 (30分)	表現でき，ディジタル画像の細かさは解像度という値で表される．簡単な図形でその様子を説明した後，名前を解像度を使って表現する． (説明)-------- 白黒の絵や文字は，画素は白か黒の色で表現できる． 右図の1行目を見ると，2個の白に続いて1個の黒が並び，3個の白が並んでいる．そのため，この行は2,1,3と量子化できる． つまり，最初の数字は，白の画素の数を表す．最初の画素が黒だったときは，その行は0で始まる． 例えば，一文字目「カ」の部分を画素で表すと， 2,1,3 3,2,4 0,6, 2,1,2,1 2,1,2,1 2,1,2,1 2,1,2,1 1,2,2,1 0,2,3,1 0,1,4,1 となる． ------------ 「名前あてゲーム」の後時間があれば，他の文字	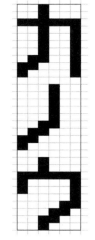 各自，自分の名前を方眼紙に画素で表現する．左記の(説明)をした後に，各自自分の名前を量子化した数値で表現する． 「名前あてゲーム」 ① 一人1枚紙を配る． ② 手紙を受け取った人へのメッセージを書き，量子化した数値で自分の名前を書く． ③ 箱に全員の手紙を入れる． ④ 無作為に箱の中の手紙を配布する． ⑤ 受け取った手紙は誰からのものなのか量子化された数値を方眼紙に表し，送り主を特定し，返事を書く．	運悪く自分の書いた手紙を受け取ってしまった人は，もう一度箱に戻し，引き直す．	

	や図形なども量子化して表現する.	⑥ 返事が来れば成功. 返事が来ない場合は送り手が間違えたか読み手が間違えたのか確認する.		
まとめ (5分)		わかったことを各自ノートにまとめ自己評価する.		

注

1) 方眼紙は，紙でもタブレットでもパソコンいずれでも生徒が最も扱いやすいと感じる道具を選べばよい．ただし，量子化・コード化のプロセスを理解する過程では，プログラミングを用いることは適さない．簡単なプログラムで2進数変換を行うこともできるが，概念理解の妨げになる．十分に理解し，紙と鉛筆さえあれば量子化・コード化の意味を説明しながら示すことできるようになった生徒については，プログラミングで行っても構わない．

学習指導案「SNS の光と影」

加納寬子（山形大学）

1. 対象：小学校第 6 学年

2. 使用場所：教室，コンピュータ室など

3. 使用機器：プロジェクター　コンピュータ

4. 主題（単元名・教材名）
   単元名「SNS の光と影」
   　SNS によるコミュニケーションを通し，SNS の利便性を感得するとともに，適切な返信の仕方，行間の読み方など，トラブルを引き起こさないコミュニケーションの取り方を学ぶ。

5. 主題について
   　一部の小学生の児童は，既にスマートフォンを所有している．スマートフォンを持っていない児童であっても，自宅にあるタブレットやゲーム機を用いて SNS を利用している．教わることなく利用しているため，既読無視をした児童を仲間はずれにするなど，不適切な子ども文化を築いてしまう場合もある．友達に既読無視をしたと思われないよう，メッセージが来たらすぐに返事をしなければいけないという思いから即レス症候群に陥る児童もいる．そこで，実際に SNS を利用し，コミュニケーションをとる練習を通して，適切な SNS の使い方を学ぶ．
   　本指導案で扱うキーワードとなる概念としては，【コミュニケーション】【即レス症候群】【SNS】である．

6. 達成目標

情報的な見方考え方	SNSを利用したコミュニケーションで問題点が起きる要因を，人に説明したり，学校で利用したSNS以外（ゲーム内のチャットなど）にも応用して円滑なコミュニケーションをとることができるようになる．
関心・意欲・態度	SNSを利用したコミュニケーションに意欲・関心を持ち，実際に操作できる．
思考・判断・表現	SNSを利用したコミュニケーションによる問題点がなぜ起こるのかを考え，適切に伝えたいメッセージを表現することができるようになる．
技能	SNSが操作できるようになる．
知識・理解	SNSを利用したコミュニケーションによる起こりうる問題点を知り，それを未然に防ぐためにはどうすればよいか理解する．

7. 評価基準

	レベル1	レベル2	レベル3
情報的な見方考え方	SNSを利用したコミュニケーションで問題点が起きる要因を，人に説明したり，学校で利用したSNS以外（ゲーム内のチャットなど）にも応用して円滑なコミュニケーションをとることができない	SNSを利用したコミュニケーションで問題点が起きる要因を，人に説明したり，学校で利用したSNS以外（ゲーム内のチャットなど）にも応用して円滑なコミュニケーションをとることができるが，不十分である	SNSを利用したコミュニケーションで問題点が起きる要因を，人に説明したり，学校で利用したSNS以外（ゲーム内のチャットなど）にも応用して円滑なコミュニケーションをとることができる
関心・意欲・態度	SNSを利用したコミュニケーションに意欲・関心が持てない	SNSを利用したコミュニケーションに意欲・関心が不十分である	SNSを利用したコミュニケーションに意欲・関心を持ち，実際に操作できる
思考・判断・表現	SNSを利用したコミュニケーションによる問題点がなぜ起こるのかを考え，適切に伝えたいメッセージを表現することができない	SNSを利用したコミュニケーションによる問題点がなぜ起こるのかを考え，適切に伝えたいメッセージを表現することが不十分である	SNSを利用したコミュニケーションによる問題点がなぜ起こるのかを考え，適切に伝えたいメッセージを表現することができる
技能	SNSが操作できない	SNSが操作ややできる	SNSが操作できる
知識・理解	SNSを利用したコミュニケーションによる起こりうる問題点を知り，それを未然に防ぐためにはどうすればよいか理解できない	SNSを利用したコミュニケーションによる起こりうる問題点を知り，それを未然に防ぐためにはどうすればよいか理解が不十分である	SNSを利用したコミュニケーションによる起こりうる問題点を知り，それを未然に防ぐためにはどうすればよいか理解する

8. 単元指導計画

次	時	指導内容	学習活動	指導上の留意点	評価規準（評価の観点）
1	1	SNSとは何かを知る．登録する際の注意事項やルールを考える．	SNSに登録する．	コンピュータ室	SNSとは何かを理解する．SNSが操作できる．
	2	SNSを利用したコミュニケーションによる起こりうる問題点を知り，それを未然に防ぐためにはどうすればよいか，ディスカッションを通して，問題点とそれを未然に回避する方法を学ぶ．	ディスカッションに参加し，自分の考えをまとめる．	教室	SNSを利用したコミュニケーションによる起こりうる問題点を知り，それを未然に防ぐためにはどうすればよいか理解する．
	3	SNSを利用したコミュニケーションで問題点が起きる要因を考えながら，円滑にコミュニケーションをとることができる．	SNSを利用したコミュニケーションを行う．	コンピュータ室	SNSを利用したコミュニケーションによる問題点がなぜ起こるのかを考え，適切に伝えたいメッセージを表現することができる．

9. 本時（第2時）の目標

「SNSで起きる問題点とその理由について考えよう」

　SNSを利用したコミュニケーションによる起こりうる問題点を知り，それを未然に防ぐためにはどうすればよいか理解する．（知識・理解）

　SNSを利用したコミュニケーションによる起こりうる問題点に関心を持ち考えようとする．（関心・意欲・態度）

10. 本時の展開

過程	指導内容	学習活動	指導上の留意点	評価 （評価の観点） （評価方法）
導入 (10分)	前時に登録したSNSで書き込んだ記録を見ながら，一つの発言に対して，いろいろな受け取り方があることを説明する．	話を聞く．いろいろな受け取り方があることを考える．		
ディスカッション (15分)	グループごとにSNSを利用したコミュニケーションによる起こりうる問題点を挙げ，それを未然に防ぐためにはどうすればよいか議論する．	グループディスカッション．		SNSを利用したコミュニケーションによる起こりうる問題点に関心を持ち考えようとする．
発表する (15分)	グループごとに話し合った結果を表にまとめ，不足する内容がある場合は，教師が追加して説明する．未然に防ぐための方法を箇条書きにまとめる．	グループごとに話し合った結果を発表する．		SNSを利用したコミュニケーションによる起こりうる問題点を知り，それを未然に防ぐためにはどうすればよいか理解する．
まとめ (5分)		わかったことを各自ノートにまとめる．		

この学習を終えた後，休み時間などに，SNSをしばらく利用させ，未然に防ぐための方法を箇条書きにまとめた項目からチェックシートを作成し，守ることができているかしばらくチェックする．

未然に防ぐためのチェックシート例

項目＼日付	5／1	5／2	5／3………
すぐに返事をすることを求めない．			
友達からのメッセージには，必ず1度はきちんと返事を返す．			
自分の考えを述べるときには，客観的な根拠を示す．			
思いつきで発言するときには，断定的な言い方はしない．			
特定の個人を批判する書き込みをしない．			

学習指導案「データとは」

加納寛子（山形大学）

1. 対象：小学校　第1学年

2. 使用場所：教室．

3. 使用機器：プロジェクター　タブレット　録音機　デジタルカメラ

4. 主題（単元名・教材名）
   単元名「データとは」
   データとは何かを知る．
   　身の回りのデータには何があるかを知り，それを自分で見つけることができるようになること．

5. 主題について
   　データとは何かデータには，文字や画像，音，動画など様々なデータがある．そこで，本学年では，データとは何かを知り，身の回りにあるデータを見つけ，それらを収集し，【文字】【数値】【画像】【動画】【音声】に分類することができるようになることを目的とする．また，関心のあるものを簡単なデータとして表現することができるようになること．
   　本指導案で扱うキーワードとなる概念としては，【データ】【文字】【数値】【画像】【動画】【音声】である．

6. 達成目標

情報的な見方考え方	身の回りにある事象とその周辺的背景を理解し，分類し「データとは何か」を捉えることができるようになること．
関心・意欲・態度	身の回りにある事象に関心を持ち，意欲的にデータを見つけることができるようになること．
思考・判断・表現	関心のあるものを簡単なデータで表現できるようになること．
技能	タブレット　録音機　デジタルカメラを用い，データを収集できること．
知識・理解	データとは何かを知り，タブレット　録音機　デジタルカメラのスイッチのオンオフを知り，ボタンが押せるようになること．

7. 評価基準

	レベル1	レベル2	レベル3
情報的な見方考え方	身の回りにある事象を，データとして認識できない	身の回りにある事象を，データとして認識し，捉えることはできるが，分類することができない	身の回りにある事象とその周辺的背景を理解し，「データとは何か」を捉えることができるようになる
関心・意欲・態度	身の回りにある事象に関心を持つことができない	身の回りにある事象に関心を持っているが，意欲的にデータを見つけることができない	身の回りにある事象に関心を持ち，意欲的にデータを見つけることができるようになる
思考・判断・表現	関心のあるものを簡単なデータで表現しようとしない	関心のあるものを簡単なデータで表現しようとしているが，できていない	関心のあるものを簡単なデータで表現できるようになること
技能	タブレット　録音機　デジタルカメラを用い，データを収集できない	タブレット　録音機　デジタルカメラを用い，データを収集できるが，目的に合っていない	タブレット　録音機　デジタルカメラを用い，目的に合ったデータを収集できる
知識・理解	データが何かわからない	データとは何かを知り，一部の機器のスイッチのオンオフを知り，ボタンが押せるようになること	データとは何かを知り，タブレット　録音機　デジタルカメラ，すべての機器のスイッチのオンオフを知り，ボタンが押せるようになること

8. 単元指導計画

次	時	指導内容	学習活動	指導上の留意点	評価規準（評価の観点）
1	1	データとは何かを知るために，【文字】【数値】【画像】【動画】【音声】のサンプルデータを提示する．	タブレットの中に入っている【文字】【数値】【画像】【動画】【音声】のサンプルデータを見たり，触ったり，聞いたりする．	子どもたちにとって身近なサンプルデータを提示する．一人１台，あるいはグループに１台タブレットを用意する．	データとは何かを知る．
	2	身の回りのデータには何があるかを知り，それを自分で見つける．	デジタルカメラや録音機のスイッチの場所を知る．グループごとに，身の回りにある【文字】【数値】【画像】【動画】【音声】のデータを収集する．	グループに１台ずつデジタルカメラや録音機等を用意するか，タブレットのデジタルカメラ機能や動画機能，音声録音の機能などの使い方を教える．	身の回りのデータには何があるかを知り，それを自分で見つける．
	3	身の回りには，様々なデータがあることを知り，データとして捉え，大きく分類することができるようになる．下記のようなデジタルワークシートを用意し，みんなで収集したデータを，【文字】【数値】【画像】【動画】【音声】に分類する． それぞれのデータにはどんなものがあったのか分類しよう 【文字】 【数値】 【画像】 【動画】 【音声】	前時にグループごとに収集したデータを，【文字】【数値】【画像】【動画】【音声】に分類し，他のグループが収集したデータを見聞きする．		身の回りにある事象を，データとして捉え，大きく分類することができるようになる．

9. 本時（第1時）の目標

「データってなあに」

データとは何かを知る　（知識・理解）

身の回りにあるデータに関心を持つ（関心・意欲・態度）

10. 本時の展開

過程	指導内容	学習活動	指導上の留意点	評価（評価の観点）（評価方法）
つかむ（5分）	事象を文字や数値，画像，音声，動画などのまとまりとして表現したものをデータと呼ぶことを知る．	説明を聞く．		説明を聞くことができたか．
予測する（10分）	発問「これまで見たこと聞いたことのある文字や数値，画像，音声，動画には，どんなものがありますか？」	児童の反応「教科書には文字がたくさんあります」「新聞にも文字がたくさんあります」「遊園地に行ったときの写真」「人の声」「電車の音」「テレビ」など．		これまで見たこと聞いたことのある文字や数値，画像，音声，動画には，どんなものがあるか，考えることができる．
体験する（20分）	データとは何かを知るために，【文字】【数値】【画像】【動画】【音声】のサンプルデータを全体に提示する．	全体に提示されたデータと同じデータを，児童一人一人が，手元のタブレットで，音を聞いたり写真を閲覧し，データには，【文字】【数値】【画像】【動画】【音声】等があることを，体験を通して認識する．	子どもたちにとって身近なサンプルデータを提示する．一人1台，あるいはグループに1台タブレットを用意する．	データには，【文字】【数値】【画像】【動画】【音声】等があることを，自分で見たり聞いたり触ったりして知ることができる．
まとめ（10分）	サンプルで提示されたもの以外に，身の回りにはどのようなデータがあるのか考えさせる．	サンプルで提示されたもの以外に，身の回りにはどのようなデータがあるのか書き出し，グループごとに，次の時間に収集する計画を立てる．		サンプルで提示されたもの以外に，身の回りにはどのようなデータがあるのか考えることができる．

学習指導案「データの種類」

加納寛子（山形大学）

1. 対象：小学校　第5学年

2. 使用場所：教室．

3. 使用機器：メモリ付きの桶

4. 主題（単元名・教材名）
    単元名　「データの種類」
    　身の回りには，様々なデータがある．身の回りにはどんなデータの種類があるかを知り，それを自分で見つけ，見分けることができるようになること．

5. 主題について
    　実社会に役立つ情報分析を学ぶためには，身の回りにあるデータを知り，それらを収集し，分析する実践を通して学ぶことによって「情報的な見方考え方」を身につけることができる．「情報的な見方考え方」は一朝一夕で身につく力ではなく，経験と知識を融合させつつ長い年月をかけて学ぶことによって培われる力である．タッチタイピングなどの技能は，短期間の集中的な訓練によって，容易に身につくが，新しく学んだ言葉が「身体的な知」に熟成されるためには，技能訓練ではなく，試行錯誤や実験，思考するプロセスが大切である．
    　例えば，データとは何かを知る学習として，小学校低学年であっても，デジタルカメラを持って，グランドや公園に出かけ，植物や生き物のデータ収集を行い，色や形，性質などによって，画像データを分類し分析することは可能である．学術的に正しい分類を目指す必要はないが，高学年では性質に着目しデータ分類することができるようになることを目指す．収集したデータの特徴を考え，自分なりの考え

を持ち，データの種類によって分類できるようになるプロセスが重要なのである．本指導案で扱うキーワードとなる概念としては，【連続データ】【非連続データ】【フローデータ】【ストックデータ】である．

6. 達成目標

情報的な見方考え方	身の回りにあるデータとその性質を理解し，「データの種類」を分類し，その違いを自分の言葉で説明したり，具体例を示すことができるようになること．
関心・意欲・態度	身の回りにあるデータに関心を持ち，意欲的にデータの違いを見つけることができるようになること．
思考・判断・表現	データの種類の違いに着目し，データの意味を考えたり，判断したり，表現できるようになること．
技能	データの違いを比較したり見比べる方法を身につけること．
知識・理解	身の回りにあるデータの種類の名前を知り，その性質を理解できること．

7. 評価基準

	レベル1	レベル2	レベル3
情報的な見方考え方	身の回りにあるデータの違いを認識できない	身の回りにある事象を，データとして認識し，捉えることはできるが，分類することができない	身の回りにある事象を，データとして捉え，大きく分類することができるようになる
関心・意欲・態度	身の回りにあるデータの違いに関心を持つことができない	身の回りにあるデータに関心を持ち，意欲的にデータの違いを見つけることができない	身の回りにあるデータに関心を持ち，意欲的にデータの違いを見つけることができるようになる
思考・判断・表現	データの種類の違いに着目し，データの意味を考えたり，判断したり，表現しようとしない	データの種類の違いに着目し，データの意味を考えたり，判断したり，表現しようとしているが，不十分である	データの種類の違いに着目し，データの意味を考えたり，判断したり，表現できるようになる
技能	データの違いを比較したり見比べることができない	データの違いを比較したり見比べる方法が不十分である	データの違いを比較したり見比べる方法を身につける
知識・理解	データの種類がわからない	身の回りにあるデータの種類の名前を知ることはできているが，性質の理解は不十分である	身の回りにあるデータの種類の名前を知り，その性質を理解できる

8. 単元指導計画

次	時	指導内容	学習活動	指導上の留意点	評価規準（評価の観点）
1	1	データには連続しているデータと，非連続のデータがあることを知る．	連続しているデータと，非連続のデータの具体例を話し合う．		【連続データ】【非連続データ】の違いを知り，説明できるようになる．
	2	フローデータとストックデータの違いを知る．	メモリ付きの桶を使い，フローデータとストックデータの違いを，実験観察を通して学ぶ．	グループに1セットずつ，桶を用意する．	【フローデータ】【ストックデータ】の違いを知り，説明できるようになる．
	3	確認テスト			

9. 本時（第2時）の目標

- 「フローデータとストックデータの違い」
- フローデータとストックデータの違いを知る（知識・理解）
- フローデータとストックデータの違いに意欲関心を持つ（関心・意欲・態度）
- フローデータとストックデータの違いに着目し，データの意味を考えたり，判断したり，表現できるようになること．（思考・判断・表現）
- フローデータとストックデータの違いを比較することができる（技能）
- フローデータとストックデータの性質を理解し，その違いを自分の言葉で説明したり，具体例を示すことができるようになる（情報的な見方考え方）

10. 本時の展開

過程	指導内容	学習活動	指導上の留意点	評価 (評価の観点) (評価方法)
予測 する (10分)	メモリ付きの桶を2種類提示する． 桶A）通常の桶 桶B）小さな穴の空いた桶 発問「それぞれの桶に水を入れるとどうなるだろう？」	班ごとに，1分後，2分後，3分後……を予測する．		予測することができたか
実験 (15分)	班ごとに，水道の所へ行き，実際にメモリを見て測ってみる．	測定結果を記録する．		測定することができたか
発表 (10分)	測定結果を発表し，結果を板書し，どんな違いがあるのか話し合う．			違いを比較することができたか
まとめ (10分)	○同様のことは，水だけでなく，様々なデータについて当てはまり，それぞれ名前が付けられていることを知る． ○各自ノートにわかったことをまとめる．	＜ノート例＞ フローデータ（フロー） 一定期間に流れた変化量などを表すデータです．　例）桶に流れる水の量から，桶から出ていく水の量を引いたもの（一分間に○リットル） ストックデータ（ストック） ある時点において蓄積している量などを表すデータです．例）桶にたまっている水の量（午後1時の時点で△△リットル）		フローデータとストックデータの性質を理解し，その違いを自分の言葉で説明したり，具体例をノートにまとめることができたか

学習指導案 「数値データの表現」

加納寛子（山形大学）

1. 対象：小学校　第6学年

2. 使用場所：教室，コンピュータ室

3. 使用機器：プロジェクター　表計算ソフト

4. 主題（単元名・教材名）
   単元名　「数値データの表現」
   数値データとは何かを知る．
   簡単な数値データの読み取り方と表し方を知る．

5. 主題について
   小学校1年生では，データとは何かを知り，身の回りにあるデータを見つけ，それらを収集し，【文字】【数値】【画像】【動画】【音声】に分類する学習を行った．本単元では，数値データに着目し，その読み取り方や表し方を知り，実際に表現できるようになることを目的とする．また，関心のある事象を数値データとして表現することができるようになること．

   本指導案で扱うキーワードとなる概念としては，【データ】【数値】【表】【グラフ】【折れ線グラフ】【棒グラフ】【円グラフ】【帯グラフ】である．

6. 達成目標

情報的な見方考え方	身の回りにある数値データの意味と特性を理解し，データの特性や表現したい内容に応じた数値データの表現をし，なぜそのように表現したのかを自分の言葉で説明し，他のデータにおいても応用できるようになること．
関心・意欲・態度	身の回りにある数値データに関心を持ち，意欲的にデータを見つけることができるようになること．
思考・判断・表現	数値データを読み取り，意味を考えることができるようになること． 数値の意味を考え，数値データを，わかりやすく表現できるようになること．
技能	表計算ソフトを用い，数値を入力したり，グラフ作成ボタンを使用しグラフ表現ができるようになること．
知識・理解	数値データを読み取り，数値の意味を理解する． 数値の意味を考え，表現したいことに見合った適切なグラフを選択し，描くことができるようになること．

7. 評価基準

	レベル1	レベル2	レベル3
情報的な見方考え方	身の回りにある数値データの意味と特性を理解し，データの特性や表現したい内容に応じた数値データの表現ができない．	身の回りにある数値データの意味と特性を理解し，データの特性や表現したい内容に応じた数値データの表現できるが，根拠の説明が不十分であるか応用ができない．	身の回りにある数値データの意味と特性を理解し，データの特性や表現したい内容に応じた数値データの表現をし，なぜそのように表現したのかを根拠に説明し，他のデータにおいても応用できるようになる．
関心・意欲・態度	身の回りにある数値データに関心を持つことができない．	身の回りにある数値データに関心を持っているが，意欲的にデータを見つけることができない．	身の回りにある数値データに関心を持ち，意欲的にデータを見つけることができるようになる．
思考・判断・表現	数値データを読み取り，意味を考えることができない． 数値の意味を考え，数値データを，わかりやすく表現することができない．	数値データを読み取り，意味を考えることが不十分である． 数値の意味を考え，数値データを表現使用としているが不十分である．	数値データを読み取り，意味を考えることができるようになる． 数値の意味を考え，数値データを，わかりやすく表現できるようになる．

技能	表計算ソフトを用い，数値を入力したり，グラフ作成ボタンを使用しグラフ表現をすることが全くできない．	表計算ソフトを用い，数値を入力したり，グラフ作成ボタンを使用しグラフ表現を使用としているが不十分である．	表計算ソフトを用い，数値を入力したり，グラフ作成ボタンを使用しグラフ表現ができるようになる．
知識・理解	数値データを読み取ることはできるが，意味理解ができない．グラフを描くことができない．	数値データを読み取り，数値の意味理解が不十分である．グラフを描くことはできるが，数値の意味を考えると，適切なグラフではない．	数値データを読み取り，数値の意味を理解することができるようになる．数値の意味を考え，表現したいことに見合った適切なグラフを選択し，描くことができるようになる．

8. 単元指導計画

次	時	指導内容	学習活動	指導上の留意点	評価規準 (評価の観点)
1	1	身の回りにある数値データの読み取り，意味を考える．【折れ線グラフ】【棒グラフ】【円グラフ】【帯グラフ】の名称を知る．	気温の変化や，50メートル走のタイム，クラスごとの欠席者の人数など，様々な数値データの数値を読み取る．	学校の統計データや，資料集など，数表やグラフが掲載された資料を用意する．	数値データを読み取り，数値の意味を理解することができるようになる．【折れ線グラフ】【棒グラフ】【円グラフ】【帯グラフ】の名称を覚えることができたか．
	2	気温など変化を表している連続した数値と，人数や個数など連続していない数値があることを知る．	パソコンの表計算ソフトを利用し，気温など変化や人数を表しているデータのグラフを作成する．棒グラフで表した場合と折れ線グラフで表した場合とどちらが見やすいか考える．		パソコンの表計算ソフトを利用し，棒グラフと折れ線グラフの表現の違いを認識できる．

3・4	身の回りには，様々な数値データがあることを知り，適切なグラフ表現ができるようになる．下記のようなデジタルワークシートを用意し，資料集にあるデータを，【折れ線グラフ】【棒グラフ】【円グラフ】【帯グラフ】に分類し特徴をまとめる． 資料集では，それぞれどんなデータが表現されていたのか書き出してみよう 【折れ線グラフ】 【棒グラフ】 【円グラフ】 【帯グラフ】	資料集にあるグラフでは，どんな数値が表現されていたのかワークシートで書き出し比較する．実際にパソコンの表計算ソフトを用い，描いてみる．帯グラフで表現されているデータを，折れ線で表現するとどうなるのかなどを実際に試してみることにより，表現したい内容により，グラフの種類が異なることを知る．		数値の意味を考え，表現したいことに見合った適切なグラフを選択し，描くことができるようになる．

9. 本時（第3・4時）の目標

「グラフごとの特徴の違いを考えよう」
・数値の意味を考え，表現したいことに見合った適切なグラフを選択できる．（知識・理解）
・表現したいことに見合った適切なグラフを，描くことができるようになる．（技能）
・数値データの意味を考え，わかりやすく表現できるようになる（思考・判断・表現）
・グラフごとの特徴の違いに意欲関心を持つ．（関心・意欲・態度）
　　　　数値データの意味と特性を理解し，データの特性や表現したい内容に応じた数値データの表現をし，なぜそう表現したのかを根拠を説明し，他のデータにおいても応用できる（情報的な見方考え方）

10. 本時の展開

過程	指導内容	学習活動	指導上の留意点	評価 (評価の観点) (評価方法)
つかむ (10分)	発問「グラフごとに表現している数値に何か特徴があると思いますか？」 発問「ないといった人，本当にないのかな．あるといった人，どんな違いがあるだろうか？」	児童の反応「ある」「ない」．	教室で実施．	グラフの違いを考えることができたか．
調べる (20分)	発問「これまで見たこと聞いたことのある文字や数値，画像，音声，動画には，どんなものがありますか？」 資料集では，それぞれどんなデータが表現されていたのか書き出してみよう 【折れ線グラフ】 【棒グラフ】 【円グラフ】 【帯グラフ】	資料集にあるグラフでは，どんな数値が表現されていたのかワークシートで書き出し比較する． 実際にパソコンの表計算ソフトを用い，描いてみる． 帯グラフで表現されているデータを，折れ線で表現するとどうなるのかなどを実際に試してみることにより，表現したい内容により，グラフの種類が異なることを知る．		数値の意味を考えると，表現したい事柄に見合ったグラフが異なることを知る．適切なグラフを見分けることができるようになる．
考える 話し合う (15分)	発問「ワークシートに書き出した内容を発表しましょう」	児童の反応「温度の変化などは折れ線グラフが適していると思います」 「国ごとの輸出量の違いを比較するためには帯グラフがよいと思います」……		自分で書き出したことを発表し，数値データとグラフの関係を考えることができる．

体験を通し個々のグラフの違いを認識する (30分)	発問「前の時間に,資料集で表現されていたグラフの内容を【折れ線グラフ】【棒グラフ】【円グラフ】【帯グラフ】に分類しましたが,折れ線で表現されている内容を他のグラフで表現してみるとどうなるのだろう」.	前時に扱った資料集のグラフを,エクセルで再現した後,異なるグラフ表現を選び,比較する.児童の反応「変化がわかりにくくなります」「わかりにくくなります」…	コンピュータ室で実施.	数値の意味を考え,表現したいことに見合った適切なグラフがあることを知る.
まとめ (15分)	小テストを行い,データの意味を考え,適切なグラフを選択できるかどうか確認する.	小テスト問題例) 1) 運動会の玉入れの数. 2) バスケットの試合の得点. 3) お湯の冷め方. 4) 携帯電話の種類の所持率. 5) 食品「牛乳」に含まれる栄養素.		数値の意味を考え,表現したいことに見合った適切なグラフを選択し,描くことができるようになる.

学習指導案「データ分析」

加納寛子（山形大学）

1. 対象：高等学校　第2学年

2. 使用場所：教室，コンピュータ室

3. 使用機器：プロジェクター

4. 主題（単元名・教材名）
   単元名「データ分析」
   　データの種類の違いを知り，主に数値データについてデータ分析の仕方を理解し，分析できるようになる．

5. 主題について
   　データには，文字や画像，音，動画など様々なデータがある．いずれのデータも数値化できることを知り，数値化することによりデータを分析し表現しやすくなることを知る．集計表の作成及び，基礎的検定の概念と方法について学ぶ．
   　本指導案で扱うキーワードとなる概念としては，【データ】【集計表】【分布表】【正規分布表】【t分布表】【t検定】【F分布表】【F検定】【相関】である．

6. 達成目標

情報的な 見方考え方	文字や画像，音，動画など様々なデータの性質を理解し，性質の違いにより適切な分析方法を選択し，その違いを自分の言葉で説明したり，応用することができるようになる．
関心・意欲・ 態度	様々なデータに関心を持ち，意欲的にデータを数値化できるようになること．

思考・判断・表現	様々なデータを数値化することにより，数値の特性を見つけたり表現し，データの意味を見いだすことができるようになること．
技能	データを数値化し，表計算ソフトを用いて集計したり統計的な分析ができるようになること．
知識・理解	データの種類の違いを知り，適切な数値化の方法を選択し，数値の意味理解ができること．

7. 評価基準

	レベル1	レベル2	レベル3
情報的な見方考え方	文字や画像，音，動画など様々なデータの性質を理解できない．	文字や画像，音，動画など様々なデータの性質を理解し，性質の違いにより適切な分析方法を選択し，その違いを自分の言葉で説明したり，応用することが不十分である．	文字や画像，音，動画など様々なデータの性質を理解し，性質の違いにより適切な分析方法を選択し，その違いを自分の言葉で説明したり，応用することができる．
関心・意欲・態度	様々なデータに関心を持ち，意欲的にデータを数値化できない．	様々なデータに関心を持ち，意欲的にデータを数値化できるが不十分である．	様々なデータに関心を持ち，意欲的にデータを数値化できるようになる．
思考・判断・表現	様々なデータを数値化することにより，数値の特性を見つけたり表現し，データの意味を見いだすことができない．	様々なデータを数値化することにより，数値の特性を見つけたり表現し，データの意味を見いだすことが不十分である．	様々なデータを数値化することにより，数値の特性を見つけたり表現し，データの意味を見いだすことができるようになる．
技能	データを数値化し，表計算ソフトを用いて集計したり統計的な分析ができない．	データを数値化し，表計算ソフトを用いて集計したり統計的な分析できるが，部分的に間違っている．	データを数値化し，表計算ソフトを用いて集計したり統計的な分析ができるようになる．
知識・理解	データの種類の違いを知り，適切な数値化の方法を選択し，数値の意味理解ができない．	データの種類の違いを知り，適切な数値化の方法を選択し，数値の意味理解が不十分である．	データの種類の違いを知り，適切な数値化の方法を選択し，数値の意味理解ができる．

8. 単元指導計画

次	時	指導内容	学習活動	指導上の留意点	評価規準（評価の観点）
1 データの収集	1	文字や画像，音，動画など様々なデータを数値化して，データとして捉えることができるようになることを説明し，サンプルデータを提示する．	例示されたデータと似たようなデータで数値化の練習をする．		文字や画像，音，動画など様々なデータを数値化して，データとして捉えることができるようになる．
	2	サンプルデータを元に，グループごとにテーマを決め，身の回りのデータ収集の計画を立て，データ収集を行う．	データ収集を行う．		データ収集ができる．
	3	自分たちで収集したデータを，表計算ソフトに入力する．	データを入力する．	データ入力の仕方を教える．	データ入力ができる．
2 データ分析	4 / 5 / 6	集計表の作成方法，分布表の読み取り方，正規分布表の読み取り方，検定の概念，t検定，F検定，相関の概念と分析方法を指導する．	説明を聞く 実際に表計算ソフトを用い操作する．	概念を説明するときには教室で，分析方法を指導するときはコンピュータ室で行う．	集計表の作成方法，分布表の読み取り方，正規分布表の読み取り方，検定の概念，t検定，F検定，相関の概念と分析方法を理解できる．
	7 / 8 / 9	自分たちで収集したデータを集計し，分析する．	データを集計し分析する．	コンピュータ室で行う．	データを数値化し，表計算ソフトを用いて集計したり統計的な分析ができる．
	10 / 11 / 12	集計した結果をまとめ発表する．		教室で実施	集計結果をまとめることができたか．他のグループが扱ったデータについても理解できたか．

9. 本時（第1時）の目標

「どんなデータでも数値化できるって本当？」

文字や画像，音，動画など様々なデータを数値化して，データとして捉えることができることを理解する．（知識・理解）

データを数値化することに意欲関心を持つ．（関心・意欲・態度）

様々なデータを数値化できる．（技能）

文字や画像，音，動画など様々な情報を数値化して性質を捉え思考・判断・応用することができる．（情報的な見方考え方）

10. 本時の展開

過程	指導内容	学習活動	指導上の留意点	評価（評価の観点）（評価方法）
つかむ（10分）	文字や画像，音，動画など様々なデータを数値化できることを知る．文字や画像，音，動画など様々なデータを数値化した例を提示する．	説明を聞く．		説明を聞くことができたか．
予測する（10分）	発問「例示された数値化と同様に，数値化できるデータと方法は何ですか？」	生徒の反応「作文の文字数を数値化する」「音の高低を数値化する」「画像の大きさを数値化する」「アンケート結果を数値化する」…		これまで見たこと聞いたことのある文字や数値，画像，音声，動画などが数値化できることを知り，考えることができる．
体験する（20分）	文字や画像，音，動画など様々なデータを数値化してみましょう．	文字や画像，音，動画など様々なデータを数値化できることを，体験を通して認識する．	コンピュータ室で実施，あるいは教室でノートパソコン等で表計算ソフトを利用できるようにする．	文字や画像，音，動画など様々なデータを数値化することができる．
まとめ（10分）	数値化の方法を各自ノートにまとめる．			数値化の方法をまとめることができる．

■著者紹介

加納寛子　（かのう　ひろこ）

　　現在山形大学准教授。東京学芸大学教育学部卒業、同大学院教育学研究科修士課程修了、早稲田大学大学院国際情報通信研究科博士後期課程単位取得退学。心理検査士。インターネットやスマートフォン、ヒューマノイドロボットなど新しいIoTと人の関係、情報の信憑性を判断する力やインターネット上での心理・行動分析について研究。個人や学校からのネットいじめやネットトラブルに関する個別の相談に応じている。講演件数は100件以上。主著に『ネットいじめの構造と対処・予防』金子書房、『いじめサインの見抜き方』金剛出版、『ネットいじめ（現代のエスプリno. 526）』ぎょうせい、『チャートで組み立てる レポート作成法』丸善、『即レス症候群の子どもたち　ケータイ・ネット指導の進め方』日本標準、『「誰でも良かった殺人」が起こる理由 ─ 秋葉原無差別殺人事件は何を問いかけたか』日本標準ブックレット、『ケータイ不安～子どもをリスクから守る15の知恵』NHK出版、『ポートフォリオで情報科をつくる～新しい授業実践と評価の方法』北大路書房、『児童生徒が喜んで挑戦するコンピュータ課題集 ─ 情報活用力の育成をめざす』明治図書など多数。

AI時代の情報教育

2017年11月20日　初版第1刷発行

■著　　者 ── 加納　寛子
■発行者 ── 佐藤　守
■発行所 ── 株式会社　大学教育出版
　　　　　　〒700-0953　岡山市南区西市855-4
　　　　　　電話 (086) 244-1268　FAX (086) 246-0294
■印刷製本 ── モリモト印刷㈱

©Hiroko Kano 2017, Printed in Japan
　検印省略　落丁・乱丁本はお取り替えいたします。
本書のコピー・スキャン・デジタル化等の無断複製は著作権法上での例外を除き禁じられています。本書を代行業者等の第三者に依頼してスキャンやデジタル化することは、たとえ個人や家庭内での利用でも著作権法違反です。
ISBN978−4−86429−480−5